葉劉的地球儀
葉劉淑儀 著

代序

捨我其誰的氣魄

葉健民
香港城市大學公共政策學系教授

收到葉劉淑儀女士為她的新書作序的邀請，有點受寵若驚。但回頭細想，葉太的個人政治經歷，本來就是一本很好看的書。

在現今政壇，沒有多少人有她如此豐富的政治閱歷。她曾任職公務員接近三十年，當過問責局長，後因推動二十三條立法受挫，稍作休息又東山再起，先創立智庫，再組建政黨，也投身過多次立法會選舉，是罕有可以在行政機關、議會以至公民社會都曾樹立政績發光發熱的人物。她也先後兩次參與特首選舉，雖然未竟全功，壯志未酬，但那份屢敗屢戰「打不死」的精神，不由你不服。這些政途上的高低跌盪，峰迴路轉，曲折離奇，也成就了葉太獨特的形象。她與我的政治路線不大一致，但她堅強的生命力和捨我其誰的氣魄，總令人對她有幾份敬意。也許就因為這些非比尋常的遭遇，令她能較諸一般政客站得更高，看得更遠。長期的公務員經驗，也使她明白公共決策不能只靠裝腔作勢或者嘩眾取寵的政治姿態，而政府管治更要求政策的掌握和細緻的論證。不容否認，她對政策討論的興趣和投入，是當前政壇那種只崇尚政治表態、口號唯先的歪風下所罕見的。對於政策倡議，她也絕非只是侃侃而談，信口開河，而是全情投入去組建平台、資助研究和廣邀專家去深入探討，認真仔細地去作出政策建議。對於個別範疇政策討論，例如科技創新，她所作出的努力，是絕對值得嘉許的。二〇一七年的特首選舉，葉太是唯一一個有誠意拿出一份整全政綱的參與者，在這方面，也只有她顯示出對市民一份最起碼的尊重。

這本新書並非葉太的自傳，卻收藏了她近年來對各項政策的觀念和分析。全書分為四大主題，當中自然包括她對政局的分析，但更值得細看的卻是她對國際局勢、教育與科技創新的觀察。作為一個書生，我始終期望位高權重、左右大局的政治家，要有尊重知識的胸懷和概覽大局的視野。這批文章的立論和取態，是否可取，見仁見智，但書中流露出來作者對香港未來的承擔，和對理性討論的熱誠，卻是顯而易見的。

我誠意向大家推薦葉太這本新書。

自序

世界沒有句號

葉劉淑儀

年初的行政長官選舉結束後，我隨即回到立法會及新民黨的崗位，籌備未來的工作，其中一項，便是出版今年的小書。和往年不同，今年我沒出版教授英文文法的書籍，而是出版這本《葉劉的地球儀》。封面上的地氈，與書名的地球儀互相呼應，我希望帶着讀者，坐着飛氈看世界。

《葉劉的地球儀》輯錄了我過去年多在《明報》、《經濟日報》及其他媒體刊登的文章，經重新編輯整理，分成四個章節，分別是「世界政治風雲」、「香港政局評析」、「創意改變世界」及「細談教育」，也就是我對世界的概覽。

由於截稿有時，此書只收錄至六月初的文章，而在我重新審視這批文章的時候，我發現它們並未因年月而過時，很多我關心的議題，至今仍備受社會熱議，各種事態仍在發展中，對世界局勢有重大影響，遠遠未可劃上句號。

英國脱歐就像一齣連續劇。英國因為前首相卡梅倫（David Cameron）孤注一擲，以為可藉着公投否決脱歐，誰不知豪賭下把英國的未來輸掉了，英國政府迫不得已要和歐盟展開脱歐談判，從此踏上不歸路。

文翠珊（Theresa May）接替卡梅倫出任首相後，竟然沒汲取教訓，又來一次豪賭，提早舉行國會大選。《經濟學人》（*The Economist*）形容這是 a bolt out of the blue，即是橫空閃電一擊。民調顯示保守黨會大勝工黨百分之二十，文翠珊評估自己會大勝，可惜再一次事與願違，保守黨輸得一敗塗地，脱歐之路更崎嶇。

英國傳媒形容這次選舉結果是 revenge of the young，意指不贊成脱歐的年輕人，憎恨保守黨把英國弄得如斯田地，就用選票來復仇、懲罰該黨。保守黨就是這樣栽在年輕選民手上。

大選後，文翠珊或許要和北愛爾蘭民主統一黨（Democratic Unionist Party）組建聯合政府，兩黨政見南轅北轍，前景不被看好。再加上黨內有野心家約翰遜（Boris Johnson）逼宮，還有在大選中增添三十席的工黨黨魁郝爾彬（Jeremy Corbyn）虎視眈眈，文翠珊被拉倒的可能性甚高，相信英國未來會在不穩定氛圍下度日。

美國不比英國好多少。一向不按牌理出牌的特朗普（Donald Trump）當上了美國總統，隨即爆出各種各樣的花邊新聞，甚至醜聞。

特朗普似乎不大重視外交，他先任命了缺乏外交經驗的前埃克森美孚總裁蒂勒森（Rex Tillerson）為國務卿，掌管美國的外交事務。同時，他為了履行增加五百四十億國防開支的競選承諾而四處削減其他部門的資源，包括削減國務院近百分之三十一的預算，種種做法均讓美國的外交系統遭受重擊。

此外，他閃電開除聯邦調查局（FBI）局長科米（James Comey），震撼朝野，並引發「俄羅斯門」爭議。他其後更宣布美國退出《巴黎協議》，觸發前總統奧巴馬（Barack Obama）、兩任加州州長阿諾舒華辛力加（Arnold Schwarzenegger）及傑瑞布朗（Jerry Brown）等紛紛表態反對。

他在五月出席比利時北約（NATO）會議，在拍攝大合照時突然打尖搶位，把黑山共和國總理一手推開後還裝作若無其事。在致辭時，他面斥其他國家領袖，直指他們的國家沒有支付足夠的國防開支作北約軍事防衛之用，使在場的領袖們大失顏面。更有甚者，有報道指他私下把自己的手提電話號碼給了其他國家元首，如此不謹不慎的行徑，隨時有泄露美國國家機密之虞。

特朗普可能要面對彈劾危機。似乎，特朗普在位的每一天，美國就像「真人騷」一樣，每一步都充滿變數，危機四伏。

相比起英國國運漸走下坡和美國有個不可預測的總統，法國和加拿大卻在馬克龍（Emmanuel Macron）和杜魯多（Justin Trudeau）領導下讓世界矚目，形成強烈對比。

一九七七年出生的馬克龍，只在二〇一四至二〇一六年間出任了兩年經濟產業更新和資訊科技部長，隨即辭職並成立政黨，並且以年僅三十九歲之齡，成為法國歷史上最年輕的總統，以及自拿破崙一世以來最年輕的法國國家元首。

馬克龍一鳴驚人，當選後隨即在國會選舉中一舉掌握國會控制權，克服了法國極右思潮抬頭的危機，被譽為法國自戴高樂總統後罕見的強人。馬克龍年輕、有活力，他代表的價值觀顯而易見：有新思維、勇往直前，他抱着振興經濟、振興法國的信念，帶領法國向前走，傳遞十分正面樂觀的信息。他甚至拍片呼籲美國的科學家移民到法國去，共同應對特朗普否定的全球氣候變化，大有捨我其誰之勇。

加拿大總理杜魯多不遑多讓。他挾着父親是前總理的背景，而且年輕、英俊、親民、人性化、學識豐富，比馬克龍贏得更多女性目光，傳媒甚至用「杜魯多效應」來形容他的魅力，他和馬克龍同場的照片，輕易攻佔媒體版面。不過，加拿大終究是個比較和平的國度，若遇上重大政治事件時杜魯多的應變能力如何，目前尚未見真章。

這些領導世界的人物、左右國際大勢的事務，今後將如何發展，拭目以待。而香港政局未來的幻變，也不比世界局勢遜色。

立法會議員的宣誓風波表面上告一段落，兩名議員喪失了議員資格，其所引發的補選卻讓各政黨閒不下來，協調、出選、初選、勸退、角逐，每天風雲變色，議席花落誰家，暫未揭盅。而連帶的其他官司及訴訟仍會紛擾一段時間，立法會不會靜下來。

在香港回歸二十週年前夕鬧得風風雨雨的本土、港獨議題，「一國兩制」如何有效落實；香港能否受惠於一帶一路、大灣區、河套區的發展；

新特首能否解決土地房屋短缺、一地兩檢、教育重量不重質等嚴峻問題；問責班子甚至整個政府、公務員團隊的表現如何……都是每一位香港市民翹首以待的。

提到河套區港深創科園的發展，不得不提好不容易才成立的創新及科技局。我和新民黨一直支持成立創新及科技局，然而，在推動創新科技的工作上，尚未見到明顯成效。香港在金融科技、數碼經濟、共享經濟等各方面的發展非常落後，當人工智能有逐步取代人類職位之勢，當國內各大科企登上世界舞台，香港的法例卻仍未追上像uber、滴滴這些電召交通服務、電子支付系統等新經濟模式的發展，實在讓人失望。

本書的第四個章節，幾乎是我所有著作均會涉獵的範疇——教育。我常常強調，教育要重質，偏偏教育局只着眼數據和數字。基本能力評估，是數據；升讀小一人數突然上升，幾間「短命小學」臨危受命，要接收四百位小一新生，是數字。局方大多數時候無視學生和社會的真正需要。

新高中學制推行八年，流弊漸漸浮現，同學選科狹窄，越來越多同學只選修「四＋一」（中英數通＋一選修科），文理兼備只是空談。前港大校長徐立之教授也表示近年學生的數理和語文成績下降，認為應全面檢討新高中學制。而當創新及科技局局長楊偉雄嘗試深入群眾，帶着福袋落區做家訪的時候，教育局局長吳克儉卻只顧外遊，五年出遊六十次這紀錄可能後無來者，卻鮮有聽到他到訪學校，與前線老師、家長，同學交流的報道。

TSA／BCA的存廢爭議持續，在連場選舉中甚至演變成政治議題，在一片取消、擱置、暫停、罷考的聲音下，特首梁振英及教育局局長吳克儉堅持本屆小三復考TSA，惟形式變成較淺的BCA。期間，反對及支持雙方分別舉辦了多場抗議、分享會、公聽會、記者會，局方、校方、家長、學童各説各話，卻沒有共識。復考前夕，更有家長團體到某學校門外燒試卷，要警方到場平息事件。我相信在新政府上場後，TSA／BCA仍然是個燙手山芋。

此外，自資學院監管不足，良莠不齊，課程質素欠缺保障，衍生各種問題，讓人憂慮。六月二十一日，我和八間頒授學位的自資院校的代表會面，討論後取得幾點共識，包括要求政府盡快實踐二〇一〇年大學教育資助委員會（教資會）的《展望香港高等教育體系報告》提及成立統一質素保證機構，整合整個專上教育體系的質素評核、驗證和評審的方法和模式的建議，以確保自資教育的質素，避免出現自資學院間劣幣驅逐良幣，貽誤年輕人的青春；反對資助境外學生報讀香港的自資院校，確保香港有限的公共教育資源用於香港的學生；以及不以學券方式資助學生報讀任何自資院校，而是只資助學生報讀經香港學術及職業資歷評審局審核的課程，保障學生。

根據政府的數據，政府資助大學學位、自資學位，再加上補助的副學士學位，香港已有百分之七十的人士有就讀大專教育，但是統計署的堅尼系數數據卻指出，大學生薪金的增長幅度比基層還要少，反映大學生越來越多，學額和工種錯配的情況將會加劇，很多技術工種，例如飛機維修、升降機維修、建造業、物流業等等，將更少年輕人願意入行。

政府委任的推廣職業教育專責小組於二〇一五年遞交報告，提出一系列推廣和發展職業教育的措施，可惜這兩年並未見到政府有任何顯著的動作跟進報告的建議。

我認為，教育資源需配合全球發展，才能發揮最大功效，例如STEM、生涯規劃、職業教育等，便值得投放更多資源，讓莘莘學子更好地裝備自己，發揮多元潛能，面對全球精英的競爭。

新任行政長官林鄭月娥女士在政綱事先張揚會增加五十億恆常教育撥款，我和新民黨隨即遞交了建議，希望這五十億用得其所，提高香港的整體教育質素。

最後，希望大家閱畢這本小書，反思一下，為甚麼英國會出現脫歐思潮，美國人會反移民，為甚麼特朗普、馬克龍會當選？為甚麼世界各地均有人反自由貿易、反全球化？為甚麼香港會有本土思維出現？

我認為這些均是全球一體化及科技革命的副產物。自從世界貿易組織

（WTO）成立以來，全球貿易、投資，自由流通，加上數碼科技的介入，全球自由經濟突顯強者越強，人民收入差距拉闊，引發貧富懸殊、反建制等深層次問題，社會不斷累積怨氣，求變之聲越來越大。

香港的情況也一樣，回歸二十年來，雖然香港在一些經濟指標或排名仍維持高位，但我們缺乏創新，產業結構狹窄，年輕人沒有出路。眼看國家越來越強大，港人感到不安、迷失，特別是年輕人看不到前景，積壓怨氣，對國家感到疏離。這個現象決非一時三刻可解決，祈願下屆政府及新任特首，有足夠的魄力、實力、誠意，帶來新氣象，亦為香港帶來真正的結構性改革。

目錄

第一章 世界政治風雲

第二章 香港政局評析

第三章 創意改變世界

第四章

細談教育

第一章

世界政治風雲

英國脱歐，震動世界

英國在二〇一六年六月二十三日舉行公投，決定是否脱離歐洲聯盟（European Union，歐盟）。公投前夕，多數人估計英國人會理性投票，選擇繼續留在歐盟，英鎊更曾一度升值。然而，當公投結束，點票結果顯示脱歐派勝出時，不單英國國內一片譁然，政壇地震，全世界亦大為震驚，多國股市應聲大跌，對世界的政治環境和金融秩序造成極大震盪。

公投結果出爐後，英國政壇首當其衝。於蘇格蘭獨立公投獲勝後食髓知味，將脱歐公投作為保守黨在上次英國國會大選政綱，力主英國留歐的首相卡梅倫（David Cameron）在脱歐派勝出公投後，宣佈自己並不適宜繼續為英國掌舵，辭任保守黨黨魁及首相的職位。

官方反對黨領袖，工黨黨魁郝爾彬（Jeremy Corbyn）則被質疑未有全力為英國留歐拉票而備受黨員群起反戈，但他在不信任議案以一百七十二票對四十票高票通過後仍以「不會背叛投票給自己的選民」為由，堅拒辭職；而早前在會見選民活動中遇襲喪生的工黨國會議員考克斯（Jo Cox）更可謂枉死。

獨立黨黨魁，力主英國脱歐「獨立」的法拉吉（Nigel Farage）則得意洋洋地在歐洲議會會議上大放厥詞，攻擊歐洲各國的同僚「你們當中從來無人做過一份正當工作（Virtually none of you have ever done a proper job in your lives）」，但當面對英國傳媒詰問會否兑現脱歐派在拉票活動時許下將英國每週送交歐盟約三億五千萬英鎊的會員費轉為用於國民保健署（National Health Service）的承諾時，他竟然聲稱自己從無作出該承諾，企圖撇清責任。而保守黨內的脱歐派領軍人物，倫敦市前市長約翰遜（Boris Johnson）亦在公投結束後極力為脱歐一事降溫，聲稱英國脱歐後仍可與歐盟在單一市場內自由貿易，罔顧政治現實。

由是觀之，這次公投可謂英國政壇的一面照妖鏡，各黨派領袖的政治品格在公眾面前無所遁形。卡梅倫屢次將政治爭議訴諸公投，以國運相賭的理政方針固然有待商榷，但於公投結果揭盅後願意承擔後果，鞠躬下台的做法亦不失其政治風度；相形之下，郝爾彬拒絕面對投票結果的做法則可謂厚顏無恥，戀棧不去。至於法拉吉「講過唔算數」和約翰遜罔顧現實的做法更是形同無賴，視本國國運和千萬國民的福祉為滿足一己政治利益的工具，其心可誅。

這次脱歐公投的投票率達百分之七十二，而根據英國廣播公司收集的數據，若以地域分類，則英格蘭和威爾斯均傾向脱歐，而蘇格蘭、北愛爾蘭和直布羅陀均傾向留歐。英格蘭之內，倫敦、利物浦、列斯、曼徹斯特、約克等城市均傾向留歐，但其餘鄉郊地方的郡均多傾向脱歐。由於英格蘭人口佔全英國約八成，故此在英格蘭多數的郡都傾向脱歐的情況下，脱歐派以百分之五十二的得票率險勝。若以年齡劃分，則年輕人傾向留歐，年長者傾向脱歐。

我認為是次公投出現上述的投票傾向與全球一體化對弱勢社群造成的傷害有關。傳統理論雖然承認全球化會造就贏家和輸家，但卻認為只要假以時日，輸家亦可憑自身的努力和外界的幫助而獲得成功。然而，隨着時間的流逝，各國的「輸家」都因為未見其利，先見其害，在未品嚐到全球化的好處前便已身受職位減少和薪金停滯所害，故而心生怨懟，並將怨氣發洩在身邊說不同語言、有不同膚色的外來者身上，不單排擠來自中東的難民，更開始排擠其他歐洲人，大搞「英國式本土主義」。英國有數宗發生在公投後的種族歧視事件正是上述問題的佐證。其實，對全球化的反衝力不單在英國出現，亦在世界各地萌芽：美國的特朗普（Donald Trump）、歐洲的極右政黨等的冒起都是這股反衝力在各地的體現，歌頌世界大同的風潮已成過去。

此次脫歐公投的結果既影響英國和歐洲的關係，亦影響英國本身。根據《里斯本條約》（Treaty of Lisbon）第五十條，英國必須於啟動脫歐程序後的兩年內與歐洲各國就出入境、貿易、關稅等問題重新談判，而歐盟為遏止成員國的離異之心，必然會對英國開出嚴苛的條款，使英國未見脫歐之利便要先受脫歐之害，對英國經濟造成負面影響；傾向留歐的蘇格蘭和北愛爾蘭均開始出現要求獨立以重新加入歐盟的聲音，英國面臨分裂；直布羅陀或會面對西班牙的經濟封鎖而陷入困境，繼而影響英國在地中海的軍事部署。英國有可能因上述原因而衰退，削弱其國際影響力。

二〇一六年七月四及七日

英國前車可鑑 自決公投增對立

英國就脱歐與否進行公投，事前很多人以為英國將有驚無險留歐。豈料在這次投票率高達百分之七十一點八的公投，留歐派竟以百分之四十八敗給得票百分之五十二的脱歐派，震驚全球，觸發世界各地金融波動，並引起政壇地震。

英國首相卡梅倫（David Cameron）宣佈辭職；在野工黨黨魁郝爾彬（Jeremy Corbyn）被黨員投下不信任票，要求他下台；希望留歐的蘇格蘭醞釀再作獨立公投，北愛爾蘭可能步其後塵；歐盟各國的脱歐派也蠢蠢欲動。英國脱歐給全球政治經濟局面帶來不穩定因素，對香港也有警示作用。

連同這次脱歐公投，英國只舉行過三次全國公投。第一次在一九七五年，工黨就英國應否繼續留在歐共體發動公投，成功爭取百分之六十七點二三選民支持留歐。第二次在二〇一一年，英國就是否用「選擇投票制」（alternative vote）取代現行簡單多數制進行公投，以百分之六十七點九遭否決。英格蘭、蘇格蘭、北愛爾蘭和威爾斯各自在內部進行過兩三次公投，包括之前備受注目的蘇格蘭獨立公投。

公投乃直接民主的體現，有些地方如美國加州使用得較為頻密，我的老師史丹福大學政治及社會學教授戴雅門（Larry Diamond）認為應慎防這種直接民主機制被濫用，若事無大小都訴諸公投，只會削弱代議政制。總體而言，英國公投次數不多，每次均涉及對體制影響重大的議題，但今次公投後果嚴重，着實出乎不少人意料。

近年香港有些人鼓吹自決公投，我們應從英國這次公投汲取教訓。首先，公投決定能否落實，其中一個關鍵為是否獲主權國承認。其實公投在英國並無法律約束力。公投通過脫歐後，還須待英國政府啟動《里斯本條約》（Treaty of Lisbon）第五十條，才能夠正式展開脫歐程序。只是基於英國的政治傳統，相信政府不會推翻是次公投的決定。

再看一直尋求脫離西班牙的加泰隆尼亞（Cataluny a），因為西班牙憲制法庭指獨立公投不合憲，所以加泰隆尼亞在二〇一四年只能進行不具約束力的公投，即使八成人贊成獨立，至今加泰隆尼亞仍在和馬德里政府拉鋸。

此外，有提倡自決公投者認為，公投可反映全民意願，有助社會凝聚共識，減少對立。英國脱歐公投後的局面證明實情剛好相反。

這次公投有超過七成的投票率，但落敗的留歐派深感不忿，也有贊成脱歐者感到後悔，數以百萬計的選民聯署要求再公投。不同地區、不同世代之間因立場不同，關係惡化，進一步撕裂社會。這次公投甚至給英國的代議政制帶來挑戰：卡梅倫宣佈辭職，保守黨內一場權力遊戲隨即展開；工黨黨魁郝爾彬眾叛親離，仍厚顏不退位；獨立黨法拉吉（Nigel Farage）否認脱歐派在公投前所作的一些承諾與他有關，令不少人感到受騙……凡此種種令代議人士在民眾心目中的形象更形低落。

英國民主制度歷史悠久，發展成熟，其議會被稱為「議會之母」，啟蒙思想家輩出。儘管如此，這次公投中，不少選民的決定還是受感情左右多於基於理性計算，但他們的脱歐情緒並非不可理解。

支持脱歐的多為年紀較長的選民，特別是來自英格蘭南部、西南、中部，以及東北地區。相較面向世界的年輕人，年長選民希望保留傳統生活，對外來人較為抗拒；而相較倫敦的銀行家和精英分子，住在英格蘭其他地區的民眾並未體會到經濟一體化帶來的好處，反而感到富者愈富、貧者愈貧。由此產生的反精英、反建制思想，是脫歐派勝出的重要原因。

香港的具體情況固然有別，但同樣面對全球經濟一體化所導致的貧富懸殊，以及與鄰近地區（即內地）往來日益頻繁所造成的摩擦；過程中很多人未見其惠，寧願閉關度日，這種心態不難理解，可是縱觀中外歷史，閉關自守只會導致積弱。

全球形勢正在轉變，在新秩序尋找新機遇，是港人唯一出路。

二〇一六年七月六日

英國脱歐對香港的啟示

脱歐對英國的震盪極大，英國執政黨各路人馬競逐下任黨魁兼首相的「大位」，反對黨就黨魁郝爾彬（Jeremy Corbyn）的去留爭執不休，英國獨立黨黨魁法拉吉（Nigel Farage）宣佈自己領導英國脱歐的工作已經完成，聲稱「I want my life back」，決定辭去黨魁一職，大有過橋抽板的意味；英鎊持續徘徊於近三十年的低位；涉及種族歧視或排外的案件持續發生等。甚至連英格蘭足球隊在歐國盃十六強賽事以一比二敗於冰島足球隊，都被報章形容為「英國第二次脱歐」。一時之間，「脱歐」兩字與英國如影隨形，揮之不去。

脱歐對英國最大的即時影響是其對英國的未來所帶來的巨大不確定性。由於英國脱歐時必須就出入境、貿易、關税等問題與歐盟重新談判，而歐盟為遏止成員國的離異之心，必然會對英國開出嚴苛的條款，故此談判的進程必然會曠日持久，使英國的金融市場有一段長時間會受到未來的不確定性的陰霾籠罩，勢將拖累國家經濟。有見及此，時任英國財政大臣歐思邦（George Osborne）計劃將利得稅率由百分之二十大幅減至百分之十五，企圖使英國轉型為「稅務天堂」，作為脫歐後復甦國家經濟的核心策略。然而，歐思邦的計劃牽一髮而動全身，不單觸怒歐洲諸國，更可能造成歐洲各國就利得稅稅率進行惡性競爭，影響各國的財政收入的穩定性，進一步打擊英國與歐盟成員國之間的關係，兩敗俱傷。

我與居港的英國朋友交談，他們均對英國脫歐的決定感到憂心。

首先，由於英國本土的四個成員當中的蘇格蘭和北愛爾蘭均想留歐，脫歐的決定將加深四個成員之間的裂縫，兩地尋求獨立並重新加入歐盟的呼聲增高，英國面臨解體的危險，「聯合王國」之名可能不再；第二，英國將面對進入歐洲單一市場比以前困難的風險，對英國輸歐工商業產品出口造成障礙，打擊國家經濟；第三，視乎脫歐談判的結果，英國的學生和學者或會失去歐盟的學術研究資助，窒礙英國的學術和科研發展，不利英國的長遠發展。

稍有不慎，英國將淪為歐洲中等國家，喪失在歐洲事務上與法、德兩國共享的領導地位。既然脫歐如斯危險，為何仍有過半選民支持英國脫歐？

英國曾經是君臨天下的「日不落帝國」（The empire on which the sun never sets），除了開啟工業革命的先河，將人類帶入嶄新的時代外，亦在科技、哲學思想、軍事策略等領域領先世界，更憑藉軍事實力獲得大片殖民地，從而奪取大量資源，成為世界工廠。雖然英國在第二次世界大戰後因損失慘重而被迫將世界領導權轉交美國，其殖民地陸續獨立，帝國分崩離析，但不少嬰兒潮時期出生，老一輩的英國人在帝國的餘暉下長大，認為英國根基深厚，根本不需要依靠根據一九九一年《馬斯特里赫特條約》（Maastricht Treaty）成立的歐盟生存，亦同時對歐盟對開放邊境和接納移民的要求十分反感，認為外來移民搶奪英國的職位、福利和資源，因此傾向支持英國脫歐。

然而，英國較年輕一代卻有不同的見解。大英帝國早已解體，不少昔日為英國本土提供原材料、物資和其他資源的殖民地搖身一變成為英國的競爭對手，例如印度、巴基斯坦及香港均曾挑戰英國的紡織業，香港和新加坡在商業和金融領域與英國競爭等。英國本土人口僅六千餘萬，國土狹小，長遠而言難以與國土遼闊、人口過億的大國競爭，因此惟有加入歐盟，才能與歐洲各國聯手，以「part of a bigger whole」的方法保持自身的國際影響力和競爭力，是以年輕人均傾向留歐，而年長者則傾向脱歐。

倘若英國最終真的脱歐，則德、法、英三國主導歐洲事務的平衡或會被打破，導致英國在歐洲的影響力劇減，淪為中等國家，甚至使英國的人才外流至其他國家發展，進一步削弱英國的競爭力。

回望香港，在過去數年間出現不少「本土」訴求，從限制內地人來港到要求香港獨立的聲音都有，目的在於實現「中港區隔」，與英國尋求脱歐，抗拒外來者的訴求相似。然而，香港無論人口、幅員和資源均遠在英國之下，故此更加不能承受自我閉關，斷絕與鄰居來往的代價。香港只是彈丸之地，無法自給自足，因此亦不可能遺世獨立，主張香港自我封閉者必須反省其短視的建議，避免香港步英國脱歐，導致政經局勢動盪的後塵。

二〇一六年七月十及十三日

特朗普帶來的選舉啟示

二〇一六年四月，美國兩黨的總統初選進入後半階段，五十多個州及地區中三十多個已有結果，希拉里（Hillary Clinton）及特朗普（Donald Trump）在各自黨內已拋離對手一段距離。

按推算，希拉里已在各州份獲得一千二百四十三張黨代表票（pledged delegates），再加上四百六十九名超級黨代表（super delegates，這七百一十二名代表不受初選結果約束，主要由黨高層及議員組成）已公開表示支持她，代表她只差約六百票就可獲過半黨代表支持代表民主黨選總統。她的對手桑德斯（Bernard "Bernie" Sanders）共落後約七百票，除非他在接下來四個較多票的州份（加州、紐約州、賓夕法尼亞州及新澤西州）大勝，否則難以扭轉敗局。

在政治光譜的另一面，共和黨元老及金主繼續連番狙擊特朗普。惠普總裁惠特曼

（Meg Whitman）在二〇一六年二月曾公開指摘他是一個「不誠實的煽動家」（dishonest demagogue），故不適合擔任總統。雖然如此，特朗普依然大幅領先對手們數百票，只要在餘下的州份取得約百分之五十二的支持便足夠讓他出線。

桑德斯與特朗普走的路線與以往的候選人截然不同，然而兩人皆意想不到地受選民歡迎，我認為主要原因有兩方面。第一，經過多年兩黨政治的洗禮，選民們對民主共和兩大黨已沒有甚麼好感。兩黨為自身政治利益而互相攻擊，不顧國家福祉，阻礙一些利民的政策出台，令選民非常失望。第二，選民們對現在的「金權政治」相當不滿。他們覺得政客在位時向利益集團輸送利益，卸任後又得到不少好處。希拉里卸任國務卿後賺取的巨額收入亦因此成為她累積民望的主要阻力。

選民對兩黨壟斷的政治局面感到失望，特朗普及桑德斯為他們提供了很好的選擇。特朗普的出位言論縱然政治不正確，卻道出了不少選民的心聲。他有這樣的自由是因為他的私人財富足以應付選舉開支，不受「金權政治」的直接影響。桑德斯是個小州的參議員，不如希拉里般的華府大人物，他的形象較平民化，而且他承諾若選上總統將豁免大學生的學生貸款，實為一眾年輕選民的福音，縱然實際上難以實現。

當時，共和黨高層尚有一招可抵擋特朗普，就是若他在七月的黨代表大會的第一輪投票未能獲取過半數支持，共和黨便可透過協商機制（brokered convention），容許黨代表在第二輪不按初選結果投票。

二〇一六年四月二日

勸退桑德斯

在美國總統大選提名戰的最後兩個月，民主共和兩黨皆於二〇一六年七月下旬召開黨代表大會，決定派誰代表該黨出戰十一月的總統大選。經過將近四個月的初選，兩黨候選人的人選已呼之欲出，總統寶座看來是希拉里（Hillary Clinton）與特朗普（Donald Trump）之爭。

共和黨方面，自克魯茲（Ted Cruz）於五月初宣佈放棄競選之後，再也沒有人能擋住特朗普了。共和黨的高層亦看似接受了這事態的發展，眾議院議長萊恩（Paul Ryan）在克魯茲退出後不久便與特朗普見面，尋求合作的空間，希望特朗普最終的參選政綱能有更多共和黨的元素。

民主黨方面，希拉里在各州份獲得的「宣誓代表票」（pledged delegates）已領先桑德斯（Bernard "Bernie" Sanders）二百七十四票，再加上有五百二十五名「超級黨代表」（super delegates）已表態支持，她勝出初選可謂沒有懸念。不少民主黨高層都認為勝負已定，紛紛向桑德斯發出勸退的信息。雖然如此，桑德斯似乎並沒有放棄的意思。他繼續攻擊希拉里在貿易、金融管制及外交事務上的立場，引起了黨內不少人的憂慮，擔心他的持續攻擊會對希拉里在兩黨對壘之時造成影響。

桑德斯確是一名具影響力的對手，他的左傾政治主張有能力把走中間路線的希拉里往左拉，這將對民主黨在總統大選的選情不利。要打敗走偏激路線的特朗普，希拉里需要一份偏中間的政綱，盡取中間的游離票，以擊敗共和黨。除此之外，希拉里亦需要桑德斯的左派支持者的選票，若他戰到最後一刻，將不夠時間撫平支持者的傷口，讓所有支持民主黨的選民團結起來，一起支持希拉里對抗地產強人。

桑德斯的支持者對希拉里有保留，其實並非不可理解。希拉里缺乏如她的丈夫克林頓（Bill Clinton）般天生的領袖魅力，這方面不是後天努力能夠輕易搭救的。希拉里要入主白宮必先克服三個政治包袱。首先是克林頓的醜聞，她必須向女選民證明她能為婦女爭取權益，不會為權庇護其丈夫。其次是她與丈夫在過去八年的收入將近一億四千萬美元，她要擺脱這個「離地」的形象。最後一個包袱就是「電郵門」。人無信而不立，從政者更要取信於民，希拉里必須努力重建選民對她的信心。即使最後桑德斯被勸退，希拉里若不能處理好這三個包袱，能否入主白宮仍有隱憂。

二〇一六年五月二十六日

希拉里電郵門事件

二〇一六年初，我在史丹福大學進修時的論文導師戴雅門（Larry Diamond）教授訪港，我與他午膳時討論美國總統大選的情況。他認為希拉里（Hillary Clinton）應會得到民主黨提名及當選為總統。就算特朗普（Donald Trump）得到共和黨提名（很多共和黨的元老極力阻止特朗普獲提名），但最終國民仍會認為希拉里經驗豐富較可靠而選擇她為總統。而希拉里當選的關鍵在於聯邦調查局（FBI）是否會就希拉里通過私人網絡處理牽涉國家機密的電郵而危害國家安全提出起訴。

一位法官Judge Andrew Napolitano撰文表示，FBI調查希拉里電郵門已進入一個對希拉里和她的幕僚來說非常危險的階段，因希拉里有可能會被起訴。文章解釋，希拉里有機會涉及「兩宗罪」，一是她沒有盡責保護國家機密而失職；二是一旦被起訴，有機會揭露她曾在競選期間多次公開說謊。

當時，FBI已調查了所有一手證據，也詢問過有關證人。其中一位證人Bryan Pagliano是希拉里的幕僚，願與FBI合作成為控方證人。Pagliano透露希拉里曾吩咐他將國務院電郵系統及一個秘密國務院電郵系統的郵件由政府的電腦轉移至希拉里在紐約家中的私人電郵伺服器。而且，Pagliano稱希拉里給他五千美元讓他做有可能觸犯刑事罪行的活動。

更致命的是Pagliano告訴FBI，國務院的資訊科技專家及國家安全局的同僚曾告誡希拉里用黑莓手機接收及發送郵件會洩露國家機密，極不安全，但希拉里明知故犯。FBI繼續調查及盤問希拉里身邊的高級助手，據聞這些助手都僱用了律師代表，律師也不允許他們的客戶單獨與FBI會面，因隨時都可能說錯話而被起訴作偽證，是非常嚴重的刑事罪行。

若希拉里要接受盤問，她的證詞就會被提上法庭，讓陪審團判決。但陪審團將會面臨一個政治難題，因希拉里是公職人員且可能成為下一任總統，檢控她的門檻或要設定得更高。戴雅門教授表示，FBI需考慮用法律手法處理或是滲入政治考慮。若是純法律考慮，法律面前人人平等，希拉里必定會被起訴。若是滲入政治考慮，FBI要考慮希拉里或會成為總統，而提高檢控門檻。根據美國根深柢固的司法制度，法律面前人人平等，每個人都會受到法律保護，沒有人可以凌駕於法律之上。因此，選舉下一階段的關鍵就要看FBI是否會起訴希拉里，若被起訴，希拉里當選總統的機會將大減。

二〇一六年四月五日

廉潔和誠信——從政者最寶貴的資產

美國前國務卿希拉里（Hillary Clinton）意外敗走總統大選，令無數支持者失望。到底她為何會大熱倒灶？原因可能與克林頓家庭基金會（Clinton Family Foundation，下稱基金會）有關。

根據曾經擔任二〇一二年美國共和黨總統候選人羅姆尼（Mitt Romney）的競選經理的 Matt Rhoades 分析，希拉里於二〇一三年離任國務卿時民望高企，但其後開始出現一連串關於基金會的醜聞。二〇一二年八月，《紐約郵報》（*New York Post*）揭發基金會花費近五千萬美元於私人旅遊用途，前總統克林頓（Bill Clinton）開始熱衷於使用私人飛機出入。

這些醜聞對於新聞工作者而言簡直如獲至寶，於是入稟法院，要求政府根據《資訊自由法》（Freedom of Information Act）公開資料。法院最後裁定政府必須公開該等資料，於是一連串有關基金會內幕的電郵公諸於世。一封電郵是克林頓徵求希拉里同意他向北韓和剛果的領袖演講，收費達六十五萬美元；另一封電郵顯示儘管一名基金會的主要金主在國家安全的領域毫無經驗，卻仍然獲任命為一個高度敏感的情報部門的成員。

及至二〇一六年總統大選投票日前幾天，一名曾為基金會工作的前職員指控克林頓夫婦的女兒切爾西（Chelsea Clinton）挪用基金會的資金支持其婚禮的費用，進一步引證基金會雖然名為慈善組織，但實際上卻是克林頓一家的生財工具的指控。Rhoades 認為希拉里面對的指控使她誠信掃地，因而敗選。

當然，由於 Rhoades 本身的政治立場，網絡系統核查他的文章後，僅給予百分之五十八的可信度評價，然而無可否認的是，廉潔和誠信是從政者最重要的資產。克林頓貴為前總統，過慣奢華的元首級生活，因此退任後無法重新適應平凡的民間生活而濫用基金會作為平台，大肆籌集資金供自己和家人揮霍，因而使希拉里失卻公眾對她的信任，導致她在搖擺州份敗選，最終與總統寶座擦身而過。基金會的負面消息在公眾當中所引起的負面情緒並非民調所能量度。

由於希拉里年事已高，不大可能再次競選總統，因此相信克林頓一家經此敗仗後基本上已經喪失在政壇的影響力，恐怕再無金主願意捐贈基金會，奢華生活頓成泡影，有如黃粱一夢，從政者當引以為鑑。

二〇一六年十一月二十二日

令人感嘆的美國總統大選

總括二〇一六年的美國總統選舉，可用十六個字形容——民粹當道，高開低收，機關算盡，醜態百出。

從兩黨初選看，現在美國的政治氣氛可說是「民粹當道」。口沒遮攔、毫無從政經驗的大亨特朗普（Donald Trump）把共和黨的新秀、老將逐一擊敗，迫使本來不接受他的黨內元老提名他成為候選人。民主黨的桑德斯（Bernard “Bernie” Sanders）亦一度對希拉里（Hillary Clinton）構成威脅，桑德斯沒有當權的包袱，能以改革者形象示人；反之希拉里多年來身處權力核心，而且克林頓夫婦在退任公職後都曾收取巨款為大財團演講，為人詬病。特朗普和桑德斯都大開空頭支票。前者聲稱會在美墨邊境築起圍牆，並要墨西哥付錢。後者則提出免除所有公立高等學校的學費。雖是打亂章，卻因為道出選民不滿現狀的心聲，令兩人得到不少支持。

然而，特朗普的選情「高開低收」，初時風頭一時無兩，但其後不斷失言，出言侮辱陣亡軍人、婦女、少數族裔，民望拾級而下。

共和、民主兩黨都「機關算盡」，互挖黑材料。維基解密爆出希拉里的電郵，內容包括與競選助手的對話以及過去為大財團演講的講稿。不過，這些資料的殺傷力明顯不及特朗普在十一年前被錄下的短片。

片中可聽到他和電視節目主持 Billy Bush 在正式鏡頭前大講侮辱女性的說話。特朗普聲稱那只是男人之間的閒聊，像更衣室內的玩笑（locker-room banter），但事件足以令多名競逐國會議席的共和黨員與他劃清界線，而且影片剛好在第二輪辯論前流出，給希拉里不少彈藥。

辯論時希拉里和特朗普互相作人身攻擊。希拉里抨擊特朗普人格，指他不適宜做總統，而特朗普的回應更見醜陋，他再辯稱上述短片中的言論只是「更衣室閒談」，沒有真誠致歉，反而拿克林頓的性醜聞做文章——用丈夫的過失批評妻子，相當無聊。他在辯論場上來回踱步，動作多多，表現焦躁，更聲言要把希拉里關進牢裏，形同暴君，可謂「醜態百出」。

美國民主體制歷史悠久，至今總統大選竟至如斯田地，令人感嘆。

二〇一六年十月十四日

貝理雅的政治雙重標準

貝理雅（Tony Blair）是前英國首相，他於一九九七年首次當選，其後帶領工黨連續贏了三次國會大選，共在位十年，是工黨在位時間最長的首相。他首次當選首相時年僅四十三歲，外表出眾，曾主張帶領工黨走「第三條道路」（Third Way）。當年他高票當選，深受民眾歡迎。

貝理雅在香港回歸後曾多次訪港，他在一九九八年訪港時，時任特首董建華曾設宴招待，當時我仍是保安局局長，曾與他有過一面之緣。曾蔭權接任特首後，亦在二〇〇五年訪英時與他見過面。後來我得知他的政府協助美國攻打伊拉克背後的一些事實後，對他的印象大打折扣。

美英聯軍在二〇〇三年發動長達八年的伊拉克戰爭，造成超過二百名英國公民及最少十五萬伊拉克人喪生，伊拉克至今仍是一片混亂。英國政府在二〇〇九年成立了伊拉克調查委員會（The Iraq Inquiry），調查貝理雅政府在二〇〇三年攻打伊拉克的決定是否正確且有必要，和事前的準備是否足夠。委員會由五人組成，主席齊爾考特（Sir John Chilcot）是一名資深的高級公務員。委員會於二〇一六年七月發表調查報告，結論是英國在決定進攻伊拉克前並未完全考慮所有較和平的替代方案，而當時的情況並未差到必須採取軍事行動的地步。

齊爾考特在他的公開聲明中嚴厲批評貝理雅政府在這場戰爭前後的不足之處。首先，在決定加入進攻伊拉克前，聯軍並未得到聯合國安理會的授權，此舉明顯削弱出兵的合法性。事後在伊拉克境內並未發現有大殺傷力武器，令這次戰爭名不正言不順。薩達姆政權倒台後，英軍需負責東南四個省份的保安及行政工作。英政府在事前並沒有估算該國是否有足夠的能力應付戰後的善後工作，以致各政府部門未能為駐當地的英軍及其他人員提供足夠的資源以應付日常所需，特別是維持區內治安。戰後英軍控制地區的治安情況每況愈下，時常出現土製炸彈，國防部在提供裝甲巡邏車方面進度緩慢，引致不少傷亡。

英人特別是陣亡英軍的家屬對國家介入這場不必要的戰爭感到非常不滿。貝理雅這個草率的參戰決定讓數以萬計的人失去性命及家人，那些幸運地撿回一命的，亦可能永久傷殘。這個顯然是為了討好美國的「政治決定」，讓我覺得他十分可恥。

據《泰晤士報》（*The Times*）報道，貝理雅在辭任首相後，旋即成立了一間名為Tony Blair Associates（TBA）的公司，提供顧問及政治游說服務。TBA的客戶名單不乏有權有勢的人士及組織，有些客戶的人權紀錄真是不敢恭維，如哈薩克斯坦（Republic of Kazakhstan）的獨裁總統納扎爾巴耶夫（Nursultan Nazarbayev）、蒙古及哥倫比亞政府、阿布達比的主權基金等。

一些洩露的文件顯示，沙特阿拉伯石油公司（PetroSaudi）在一宗交易中支付高達每月四萬一千英鎊（折合約四十萬五千港幣）的顧問費予TBA。

貝理雅辭任首相後旋即被委任為中東問題特使，負責在以巴衝突中做斡旋的工作，加上TBA可疑的客戶名單，難怪令人覺得他是在利用出任公職時建立的關係網賺取個人利益。

貝理雅在離任後加入投行摩根大通當說客、賺大錢。他曾多次代表銀行到利比亞談判，每次都入住當地英國大使官邸，享受元首一樣的待遇。利比亞政府在追蹤國庫下落的過程中發現，自己一直被這些歐美投行「揿住搶」。一名曾為貝理雅與卡達菲兒子拉線的財務顧問 Rashid 認為，利比亞政府根本沒有能力管理卡達菲的巨額遺產，官員就連資金的數目也弄不清楚。

TBA 的業務內容雖惹人懷疑，但其透明度甚低，公眾要監察十分困難。TBA 有 Windrush 及 Firerush 兩間分公司，這兩間分公司的架構故意利用一些信託及有限公司等，設計得錯綜複雜，避開傳媒及稅局的監察。貝理雅雖表示如此設計是為了保障私隱，和他一直有交足入息稅，但 TBA 的透明度如此低，實在不能釋除公眾的疑慮。

二〇一六年九月二十日，貝理雅公開表示將關閉 TBA，並將其約九百萬英鎊（折合約八千九百萬港幣）的資產全數投入非牟利事業。他未來將投入八成時間在慈善工作上，但他會繼續從一些「個人顧問服務」賺取收入云云。

從貝理雅的故事我們可以看到，一個曾身居高位的人要「裸退」並不容易。他離職後迅即利用以前職權之便，為一些人權紀錄差劣的國家提供顧問服務，以賺取豐厚的報酬。他一面表示要推動中東和平進程，一面卻為中東的專制國家服務，實為政治雙重標準。

二〇一六年十月八及十一日

楓葉國的通識總理

正當美國總統初選進行得如火如荼，吸引全球目光時，北鄰的加拿大亦「不甘示弱」，選出年僅四十三歲的賈斯汀．杜魯多（Justin Trudeau）成為第二十三任加國總理。杜魯多身高六呎二吋，外貌俊朗，之前出席英聯邦酒會時，見多識廣的英女王亦不禁在酒會致辭時說笑道：「多謝你，加拿大總理，使我感覺到自己如此之老」，其魅力可見一斑。究竟這位新任加拿大總理何許人也？

杜魯多於一九七一年出生，是第十五任加國總理皮耶．杜魯多（Pierre Trudeau）的長子。杜魯多先後分別於麥基爾大學（McGill University）和英屬哥倫比亞大學（University of British Columbia）獲得英國文學和教育學士學位，畢業後曾在溫哥華兩間學校任教社會科、法語、戲劇和數學。二〇〇二年，杜魯多辭去教師職務，返回滿地可（Montreal）修讀工程學，其後於二〇〇七年出選國會議員並勝選，步入政壇。二〇一三年，杜魯多成為加拿大自由黨黨魁，其後於二〇一五年加國大選帶領自由黨成為下議院第一大黨，得以晉位總理，成為加國史上第一位子承父業的政府首腦。

杜魯多的魅力亦體現在其所表現出的通才能力和做事不拘一格的作風。二〇〇〇年，杜魯多的父親去世，杜魯多在葬禮上致一篇文情並茂的悼詞，廣獲好評，加拿大廣播公司甚至收到大量觀眾來電要求重播杜魯多致悼詞的片段；他到普里美特理論物理研究所（Perimeter Institute for Theoretical Physics）以示政府將持續投放資源支持加拿大的科研工作時，有現場記者開玩笑說想問杜魯多有關量子電腦的問題，杜魯多竟然言簡意賅地準確道出量子物理的基本概念，獲得全場鼓掌。另外，杜魯多曾於二〇〇七年參演一齣講述第一次世界大戰的魁北克英雄 Talbot Papineau 的電視劇，於二〇一二年與參議院議員 Patrick Brazeau 進行慈善拳擊賽並勝出，又於成為總理後暢談自己吸食大麻的經驗以推動大麻合法化，親自穿上超人標誌服裝出席二〇一五年渥太華動漫展（Ottawa Comiccon）等，都顯出其不同於一般政治人物的一面：他既非專業（例如律師、醫生）出身，亦沒有一般政治人物的拘謹，反而文理兼通，又在嚴肅治國之外充滿玩心和朝氣。有加拿大人甚至笑說他們的總理是繼Justin Bieber之後，加拿大最佳的Justin。

曾有人說修讀文學沒有出路，亦有人說只要修讀通識科便能「通通都識」。這位加拿大的通識總理卻向我們昭示修讀文學的學生一樣有出路，並示範何謂真正的「通識」，值得我們借鏡。

二〇一六年五月二十九日

地球還是平的嗎？

歷史學家Niall Ferguson在《南華早報》（*SCMP*）撰文，題目相當有趣——"Brangelina is dead. So, is the end also nigh for the era of globalisation?"——「畢安戀」結束，全球化也一樣嗎？

Niall Ferguson以「畢安戀」作為討論全球化的引子，因為他認為畢彼特（Brad Pitt）和安祖蓮娜祖莉（Angelina Jolie）這一對是全球一體化的象徵——兩人都熱衷於全球慈善工作，並且收養了三個來自不同國家的孩子，就連兩人自己的親生子女也是在不同地方出世。

畢彼特和安祖蓮娜祖莉離異，而全球一體化也面臨挑戰，似乎不同文化的人始終有摩擦，不易長久共處。近年，各地反一體化浪潮升溫。英國公投通過脫歐；美國總統候選人特朗普（Donald Trump）聲言要在接壤墨西哥邊境築起圍牆，竟也受到一眾美國人歡迎。不少人擔心這種民粹思潮會令全球一體化進程逆轉。

在講述 Ferguson 對全球一體化前景的看法前，先要看看目前的全球化是由甚麼因素推動的。第一是自由貿易，特別是由二戰後生效的關稅暨貿易總協定（GATT），到一九九五年發展成世界貿易組織（WTO），大大促進各成員國之間的貨物、服務、資金和人才自由流通。第二是互聯網發展，令全球資訊流通。

中國在二〇〇一年加入世貿組織後，經濟高速增長，無疑是受惠於美國的龐大市場，因此一些美國人認為中國在世貿是佔了便宜。不過，從另一角度看，像 iPhone 這類美國品牌產品，即使在中國製造，中國廠家只賺微利，大部份利潤還是由美國品牌商獲取。其實，自由貿易總體來說對參與各國都有好處。

然而，由於歐美等發達國家內部貧富日趨懸殊，低收入以至中產階級收入停滯不前，於是自由貿易就被視為「元兇」。反自由貿易的聲音愈來愈大，對民選政客構成一定壓力。這是否意味愈來愈多國家會選擇放棄全球化道路，給全球化畫上句號？

Ferguson 的答案卻是否定的。

Ferguson 指出，縱觀歷史，歐美不止一次出現反全球化的民粹思潮，十九世紀八十年代更是民粹主義的高峰期，當時歐美經歷經濟不景，產生排外及反自由貿易的思潮，多國因此限制移民和提高關稅，對全球化進程造成一定打擊，但接着就成功找到新的政策出路。美國在二十世紀初進步運動（Progressive Movement）期間引入多項改革政策，打擊壟斷和腐敗；歐洲許多國家則走向社會主義。因此，Ferguson 認為民粹思潮對全球化的阻礙只是暫時性的。

全球化的趨勢不會就此結束，因為觀乎歷史，民粹主張會對全球化進程造成一定的打擊，但終究不能解決社會面對的問題，而社會很快會有更進步的思想出現。

美國資深記者 Michael Schuman 在《彭博商業週刊》（*Bloomberg Businessweek*）從另一角度探討全球化前景。

他指出，不能因為近年在歐美發生的幾件事情就斷言全球化已死。事實上，全球化仍全速進行，只是模式有變。以前西方是全球的主要市場和投資者，主導與發展中國家的交流。現在，發展中國家之間的聯繫更見緊密。世貿組織數據顯示，二〇一四年發展中國家的出口有百分之五十二是輸向其他發展中國家的，而在一九九五年世貿組織成立時數字只有百分之三十八。香港出口貨值雖經歷連續十七個月下跌，但輸往亞洲的整體出口貨值較前一年同月上升百分之三點八，其中對印度出口升幅達百分之二十七點四，可見一些發展中國家已經成為重要的市場。

中國和印度更成為全球的重要投資者。根據美國智庫 American Enterprise Institute 研究，中國和印度公司去年對外投資各自超過一千億美元。過往未成功坐上全球化大船的國家開始受惠，例如：埃塞俄比亞去年獲中國、土耳其和孟加拉的製衣商投資二十二億美元設廠；菲律賓漸漸發展成新的區域電話客戶服務中心樞紐。

此外，各國致力推動區域貿易合作，中國積極與多國洽簽自由貿易協議，東盟十國逐漸形成共同市場，非洲多國開始就建立非洲自由貿易區進行談判。新的國際金融機構不斷湧現，推動地區基建投資。除了亞投行，中國早於二〇一四年與其他四個金磚國家（即巴西、俄羅斯、印度和南非）共同創立新開發銀行，並於二〇一六年七月宣佈發放總額八億一千一百萬美元的首輪貸款，以支持四個綠色能源項目。

過去很多人以 the west and the rest 的西方本位思想看全球發展，隨着新興國家的冒起，而這些國家都認為其未來繫於成為更大整體的一部份，正如 Schuman 在《彭博商業週刊》的文章所言：「Too many countries see their future as part of something bigger.」，相信西方目前的反全球化思潮阻擋不了全球一體化的大勢。

二〇一六年十月十七及二十日

今日西班牙

立法會選戰過後，我和女兒到西班牙度假，遊覽首都馬德里（Madrid）、古都托萊多（Toledo）及南部的藝術和文化中心城市西維爾（Sevilla）。有航空公司開通了由香港直飛馬德里的航線，故此當我在馬德里各個景點遊覽時，發現到西班牙旅遊的港人比想像中的要多。

當人們提及西班牙時，多數會想起鬥牛、網球明星拿度、皇家馬德里、巴塞隆拿等足球強隊，但其實西班牙亦同時是一個充滿文化魅力的國家。以飲食為例，除了以米飯、橄欖油、番紅花、各種海鮮和肉等食材製作，著名的西班牙大鍋飯（Paella）外，亦有不同種類的塔帕斯（Tapas）任君選擇。塔帕斯本指作為西班牙餐前菜的各種小吃，後來慢慢發展成為自成一派的菜式，配搭得當的話甚至可以成為一頓正餐，十分美味。香港亦有售賣塔帕斯的餐廳，但在西班牙吃帕塔斯要便宜得多。

除了飲食以外，西班牙亦有精彩的舞蹈藝術表演。我在西維爾有幸觀賞了西班牙國家級舞蹈家 Jesus Herrera 表演法蘭明歌（Flamenco）。法蘭明歌起源於西班牙南部，除了受摩爾人和猶太人的影響外，亦吸收了大量吉卜賽人的藝術元素，舞者在清唱者和結他的伴奏下，以即興而富有節奏的拍手和踢踏配合明快而飽含感情的華麗舞步。由於法蘭明歌並無固定的動作，而是要求舞者、演唱、伴奏以及觀眾之間即興互動完成的藝術表演，因而非常耗費舞者的體力，一場演出一般只有約一小時，而且中間有供舞者休息的時間；事實上，舞藝高強如 Herrera 亦在表演了約十五分鐘便已經滿頭大汗，可見法蘭明歌對舞者的體力、情緒、意志和即興表演能力的要求都非常高。我觀看的該場表演只開放予約百多名觀眾，使觀眾都能近距離欣賞 Herrera 的精湛舞技。

西班牙亦是時裝和工藝品大國。除了價錢較為平民化的 Mango 和 Zara 外，西班牙也是諸如 Hoss Intropia、Massimo Dutti、Adolfo Dominguez、Loewe 等時裝名牌的發源地，亦是瓷偶品牌 Lladro 的家鄉。從上述眾多西班牙原創品牌不難窺見西班牙人的創新能力，其在藝術、文學和電影等領域所取得的成就亦非僥倖，諸如畢加索、劇作家及詩人洛佩·德·維加（Lope de Vega）和《堂吉訶德》作者塞萬提斯（Miguel de Cervantes）等都是西班牙引以為傲的偉大藝術家。

二〇一六年十月二日

西班牙的輝煌歷史

今日的西班牙是充滿文化魅力的國家，吸引不少遊客慕名到訪。其實，西班牙亦是具有輝煌歷史的國家，更曾是海上殖民帝國。現代西班牙是西歐領土面積僅次於法國的國家，而西班牙語亦是聯合國官方語言之一。

英國歷史學家 Robert Goodwin 在他的著作 *Spain: Centre of the World 1519-1682* 中指出，統治西班牙的各個基督教國家在經歷近八百年的收復失地運動（Reconquista），將信奉回教的摩爾人擊敗，卡斯蒂利亞女王伊沙貝拉一世（Isabella I）和阿拉貢國王費爾南多二世（Ferdinand II，西班牙語為 Fernando II）聯姻共治，兩人獲教宗亞歷山大六世授予「天主教雙王（Reyes Católicos）」的稱號，並贊助哥倫布的美洲探險活動，開始了一系列的海外征服活動，最終在雙王的外孫，神聖羅馬帝國皇帝兼西班牙國王查理五世（卡洛斯一世，Carlos I）的治下建立了一個橫跨歐洲、美洲和亞洲的強大帝國。

源源不絕的美洲黃金和白銀除了支持西班牙在歐洲的爭霸活動外，亦使西班牙王室有足夠的資金贊助文化和藝術的創作，使西班牙在文藝復興時期湧現大量的藝術家，例如畫家委拉斯蓋茲（Diego Velázquez）、雕塑家、建築家及畫家埃爾·格雷考（El Greco）、《堂吉訶德》作者塞萬提斯（Miguel de Cervantes）、劇作家及詩人洛佩·德·維加（Lope de Vega）等，大大豐富了西班牙文化的內涵。加上稱霸海洋的海軍和主宰歐洲的陸軍，西班牙成為十六世紀世界的中心，更是第一個號稱「日不落」的帝國。

豐厚的文化遺產成為了西班牙發展高增值旅遊的基石。我在古都托萊多（Toledo）遊覽時，導遊以其豐富的知識介紹當地的歷史和文化，使我大開眼界。

遊覽期間，我們談及當地的政局。西班牙雖然是單一制國家，但有不少權力已下放各地區，現時由十七個自治區及兩個自治市組成，其中不少自治區赤字高企，導致西班牙經濟低迷不振。雖然政府於二〇〇八年世界金融危機期間實施緊縮政策，在一定程度上緩和了問題，但由於執政黨在最近的選舉中無法取得國會過半數議席，因而無法籌組有效的政府，西班牙政局陷入膠着。

我問他對加泰隆尼亞（Catalunya）的獨立呼聲有何看法？他說除了部份加泰羅尼亞人外，全西班牙並無人想其獨立，而加泰隆尼亞亦缺乏條件獨立，最終只會對國家造成傷害。由此可見，凡某地區想獨立，該國家其他地區的人民大多不以為然。

二〇一六年十月五日

美國過度開採石油惹災難

據《時代雜誌》（*TIME*）報道，美國奧克拉荷馬州（奧克州，Oklahoma）二〇一五年全年竟錄得超過九百次地震，絕非尋常。許多專家認為，石油公司過度開採石油，及以不環保手法清理廢料，均是導致當地地震頻率急升的原因。

《時代雜誌》指出，現時奧克州的地震多為三級或以上，二〇一六年的地震次數是二〇一五年地震次數的兩倍，地震亦升至四級或以上。當地居民採取各種應對措施，如下載追蹤地震手機應用程式、當地報社在 facebook 製作線上地圖嘗試預測鄰近地震強度、學校頻頻舉行地震演習等，時刻防備地震發生。

奧克州主要經濟支柱來自於油、氣生產，而且愈來愈多科學證據證明是當地過度開採油、氣造成；連市政府中心都是建立在一大片油田上，四周都被抽油機井包圍。二〇一〇年至二〇一四年間，當地石油生產翻了一倍，天然氣生產增長接近百分之五十。可惜，兩個經濟支柱很可能令奧克州毀於一旦。

第一，鑽油過程嚴重破壞地底。多年來，能源商主要通過鑽井至地底以抽取礦物燃料，不過效率較低，成本高昂。後來，能源商引入兩項新科技——「水平鑽井」及「水力壓裂法」，讓鑽油工人更快更有效提取原油。水平鑽井提出的原油數量是垂直鑽井的兩倍，而且過往需要幾個月時間才完成垂直鑽井的鑽油數量，通過水平鑽井只需要兩星期。此外，利用水力壓裂法——通過高水壓壓碎地底石頭，讓能源商可以開採新的頁岩油及煤氣，大大提高成功率，此後能源商迅速地擴張和生產。

然而，一塊油田即使只被輕度開採，鑽油過程仍會生產多餘水份，破壞生態環境。水文地質學家 Kyle Murray 指出，一些油井生產水的數量相當於每桶油生產六十五桶水。再者，這些水比死海的水更鹹，無法循環使用。

於是，能源商把水灌入位於 Arbuckle 區域（不含任何原油或天然氣的地方），距離地面七千呎的碳酸鹽石的地底。久而久之，過度灌水令該區的結晶基底石的承受力超出負荷，以致地震次數逐漸增加。

二〇一三年開始，不少專家已表示鑽油和地震頻繁之間有密切關係，可是能源商和政府一直否認，但後來事情愈發嚴重，兩者不得不表態。

《時代雜誌》指出，自二〇一一年在距離奧克州五十公里的 Prague 小鎮，發生五點六級地震後，地震的頻率便逐漸上升。事實上，科學家早在六十年代已發現人為地震的起因。研究員發現當年 Rocky Mountain Arsenal 地底下因注入化學廢料引起地震。許多專家相信奧克州 Prague 小鎮的地震與當年 Rocky Mountain Arsenal 地震現象一樣，但能源公司堅決否認兩者有直接關係。

政府和能源公司一直關係密切。據政府紀錄，奧克州長 Mary Fallin 在二〇一四年競選中從能源業中籌募最多資金。因此，政府一直不願公開承認能源公司所造成的災害。二〇一四年，奧克州就頻繁地震成因舉行聽證會，但能源及自然資源委員會副主席 Mark McBride 依然否認兩者的關係。七個月後，政府眼見情況嚴重，最終接納專家意見，委託 The Oklahoma Corporation Commission（OCC，負責監察為公眾提供服務的私人企業的委員會）監察能源公司開採石油過程及後期污水處理。OCC 命令能源公司關閉污水處理井、調整井的深度及減低廢水數量。根據政府數據，自二〇一五年六月至二〇一六年一月，廢水處理量下降至每日四十五萬桶。然而，廢水處理量的數據是通過自願申報機制執行，而 OCC 只有五十五名監察員檢查超過一千個位於 Arbuckle 區的污水處理井，數據的可信性成疑。

此外，市民意識到由地震引起的損失並不在保險受保範圍內。政府保險部門預計只有百分之十五至二十的居民擁有涵蓋賠償地震損失的保險。奧克州眾議員 Cory Williams 為爭取通過一條要求保險公司擴闊保險範圍至由地震災害引起損失的法案，但在立法院竟遭否決。雖然州長已撥款一千四百萬美元緊急資助給 OCC 和 OGS（Oklahoma Geological Survey）協助監察能源公司減排情況，但亡羊補牢，可能為時已晚。

就算鑽油井數目下降，鑽油過程對地底破壞的長期影響無法估計。地球物理學家 Daniel McNamara 表示，即使關閉所有鑽油井，之後幾十年地震仍會持續發生。

二〇一六年三月二十七及三十日

沖之鳥是礁還是島？

各國為南中國海的主權問題爭吵不休，常設仲裁法院（Permanent Court of Arbitration）將就菲律賓與中國在南海的主權問題作出裁決。然而根據美國智庫Stratfor的一篇文章所述，在菲律賓海的另一面，日本在沖之鳥（Okinotori）也有海洋權益的爭議。

沖之鳥距離東京以南約一千海里，名字的意思大概是「遙遠的鳥」，當真是一個遙遠的珊瑚環礁。

礁盤面積約八千多平方米，現時只有兩塊岩石突出物（rock outcropping）露出水面，潮漲時兩處面積合共小於十平方米。它缺乏可居住的土地或地表上的資源，日本在二戰前對其興趣不大。一九七三年，第三次聯合國海洋法會議確立專屬經濟區的現有定義，即由一國領海基線起算二百海里（三百七十點四公里）範圍內的海域均屬該國管理。在海洋資源（如石油、天然氣、漁獲等）受到日益重視的今天，沖之鳥的價值在日本政府的心中忽然提高了，因它的方圓二百海里、合共約四十萬平方公里的範圍內，皆無其他國家的領土，意味着日本將可得到一個比本土面積更大的專屬經濟區，其蘊藏的海洋資源甚為可觀。

日本要得到這塊「肥肉」，先要證明沖之鳥是一個海洋法承認的「島」。要做到這點須符合國際法對「島」的三項要求：自然形成、四面環水和潮漲時不被水淹沒。沖之鳥符合了前兩項的要求，但第三項甚具挑戰，因海水經年的拍打可能將突出水面的部份侵蝕掉。

為此，日本政府花了六億美元在沖之鳥僅餘突出水面的岩石旁，建造了八十二呎厚的水泥保護罩，為的是防止它們遭受進一步的侵蝕。若然沖之鳥最終不獲承認為「島」而被視為「礁」，它的領海將大幅縮小至方圓十二海里，經濟價值大減。

北京與台北一向都有就日本在沖之鳥的活動表示不滿，但她們所關注的並不是主權問題，而是海洋權益的問題。兩地皆認為沖之鳥是「礁」不是「島」，故日本可控制的應僅是離岸十二里的海域，而不是離岸二百海里的專屬經濟區。

台北反對的背後是商業上的利益。據台灣漁業部門的統計數字，有超過一百艘台灣漁船在沖之鳥附近活動，尋找可捕撈漁獲的地點。北京關注的反而是戰略上的考慮。日本曾三番五次譴責中國在南海填海造地和專屬經濟區劃界等問題，可是在千里之外的幾塊礁石上，在國家利益當前，狐狸的雙重標準還是讓牠露出尾巴來。

二〇一六年五月二十日

沖之鳥與蔡英文政府

沖之鳥在兩岸關係裏面有頗微妙的角色。

二〇一六年四月二十五日，日本海上保安廳在距離沖之鳥一百五十海里的位置拘留了一艘台灣漁船，該處屬於日本宣稱的專屬經濟區之內。台灣馬上派出兩艘巡邏船前往當地護航，及後更有一艘康定級巡防艦加入。由此可見國民黨政府對於其漁民在沖之鳥的捕撈權，立場強硬。由蔡英文領導的民進黨政府走馬上任後，外間都在觀察新政府對日的政策取向。

北京在蔡英文當選後，先是重開與台北之間的外交戰，與岡比亞（Gambia）建交，及後從馬來西亞及肯尼亞引渡台籍電訊詐騙案嫌犯時，北京都顯得相當強勢，向民進黨展示了外交實力。蔡英文政府上任後，將有壓力在沖之鳥問題上延續與北京及國民黨一致的立場。

在沖之鳥的問題上，日前北京與台北的立場是一致的。可是這對與北京在政治立場上有較大分歧的民進黨來說，這環礁確是一個燙手山芋。民進黨與日本的關係較為良好，若然蔡英文選擇延續上屆政府的立場，贏了經濟，卻輸了外交關係。民進黨若要轉變台灣對大陸的立場，必先爭取鄰近國家的支持，而當中日本的支持相當重要。故此民進黨在台灣海洋權益問題上未有採取明確的立場。有些民進黨黨員甚至曾經提出過，為與國際法接軌，台灣應放棄她對一些關於海洋權益問題的主張。

然而，國民黨政府在換屆前動作多多，似是要深化台灣與鄰近國家之間的矛盾。二〇一六年一月底，時任總統馬英九親自到訪在南海爭議區內由台灣控制的太平島，此舉馬上招致南海沿岸各國的反對及批評。三月，台灣又送了幾個外國記者到太平島，以證明該島是可以讓人類在島上生活。以上動作貫徹了國民黨在海洋權益上的立場，但亦同時加劇了南海諸國與台灣的緊張關係。

蔡英文接手統治的，是一個不論南北關係都緊張的小島。不論是在沖之鳥還是太平島，這些海洋權益衝突所造成的傷口都不是一時三刻可以撫平的。

二〇一六年五月二十三日

從殲-20看中國空軍發展

二〇一六年十一月在珠海舉行的中國國際航空航天博覽會上，中國空軍「殲-20」隱形戰機首次公開亮相，正式標誌着中國已達到第五代戰鬥機的門檻。第五代戰鬥機是現時最先進的戰鬥機，在科技上與前一代的最大分別就是隱形技術的全方位運用，而現時服役的只有美國生產的F-22隱形戰機和F-35多用途戰機。中國「殲-20」戰機（又名「威龍」）由中國自主研製，在二〇一一年一月首次試飛後，僅五年後便進入預備服役狀態，更有軍事專家預測指，十年後中國空軍可能生產達二百架「殲-20」。

「殲-20」的亮相吸引了國際社會的眼球，美國私人戰略研究機構Stratfor就此作客觀分析，值得參考。根據Stratfor，「殲-20」標誌了中國成為世界第二個有能力生產第五代戰鬥機的國家。「殲-20」比中國其他戰機更巨型，並擁有更先進的科技配置、更高的負重能力，足以運載更多的彈頭和燃料，更適合長程飛行任務，這確實顯示了中國在軍事航空領域上有長足的進步。

不過，Stratfor 同時指出中國在戰機引擎開發方面屢遇瓶頸，以致「殲-20」戰機暫時需要配備改良版的俄製「AL31-F」引擎，但由於該引擎的動力不足（underpowered），令「殲-20」戰機現時的空戰能力大打折扣。而「殲-20」戰機擬配備的「WS-15」渦輪風扇引擎由瀋陽發動機研究所研發，西安航空發動機公司設計生產。雖然目前「WS-15」的原型經已製造完成，但現階段仍需要進行相關機載及長時間運用測試。

事實上，航空引擎的開發和生產一直為外國所壟斷，其中如美國通用電氣集團（General Electric）、美國普惠集團（Pratt and Whitney）和英國勞斯萊斯公司（Rolls-Royce）更是頂尖的製造商，其生產的引擎被廣泛應用於世界各地的民用，甚至軍用的航空領域。為應對此情況，國務院、北京市人民政府、中航工業、中國商飛共同出資組建，於二〇一六年八月正式成立了「中國航空發動機集團」，透過整合分散在相關公司的業務與接近十萬名專業人員，集中致力於航空引擎的設計、製造、試驗，以及相關材料的研製，務求建立中國自主的航空動力完整產業鏈。

而隨着「中國航空發動機集團」正式成立，數以萬計分散在相關公司的業務與專業人員得以整合，令人期望國產航空引擎的開發和製造能更專門化及更為迅速地發展，有效減低中國空軍一直以來對輸入外國引擎乃至外國戰機的依賴。

而除了引擎的問題，Stratfor 的分析亦表示，「殲-20」的隱形性能只能有效覆蓋戰機前方，水平不及美國 F-22 戰機的全方位隱形技術。而在空軍整體配套方面，分析亦指中國在組建空中加油機隊伍（aerial refueling force）的進度，步伐比美俄遠遠滯後。此外，由於中國空軍中負責維修和軍需品補給等後勤士兵現時並未常規化，仍是採用兩年的服役制度，頻繁的人員更替影響空軍表現的穩定性。

其實，中國空軍近年全面改良人員培訓。Stratfor 提及今天的中國戰機駕駛員每年的飛行訓練達一百五十至二百小時，比二十年前平均少於一百小時大幅提升，甚至比美國戰機駕駛員在二〇一三年的規定時數多出三十小時。而美國智庫蘭德公司（RAND Corporation）的報告亦指出，中國戰機駕駛員的飛行訓練已經有別於以往一般訂在良好的天氣日子進行，現在則是常規地編排於惡劣天氣及夜間展開。有關訓練並加入更多事前不向駕駛員作簡報的突發性真實情景，加強考驗駕駛員的臨場反應，以及他們對於缺乏地面控制支援下的空中定位能力，而針對不同類型戰機的戰術訓練亦變得更為普遍。另一方面，中國的戰機駕駛員與地面防空部隊近年開始進行集體訓練，一改以往分開訓練的傳統，用意是促進兩者的技術交流，有效加強空軍的整體作戰能力。

由此可見，「殲 -20」並不只是中國空軍科技上的突破，而更應該被理解為中國空軍整體大規模發展改進的一個象徵性產物。作為世界舞台的重要持份者，中國需要的並不限於一架新型戰機，更應該是一份永不自滿、吐故納新的民族精神。

二〇一六年十一月二十五及二十八日

南海局勢會否擦槍走火？

南海局勢持續升溫，美國國防部長卡特（Ashton Carter）於二〇一六年四月中，與菲律賓國防部長加斯明（Voltaire Gazmin），到訪在南中國海巡弋的美軍航空母艦史坦尼斯號（USS John C. Stennis），對艦上官兵在維護南中國海的和平穩定表示支持。卡特此舉是要展示美國在南海問題上扮演一定角色的決心。局勢繼續發展下去，兩個超級大國會否因而擦槍走火，捲入戰爭？

美國智庫 RAND Corporation 的高級分析員 Timothy Heath 在 *Geopolitical Monitor* 發表了一篇文章，仔細分析了中美兩國在南海的利害關係，頗為精闢。文章指出，從美國的角度出發，該國在南中國海的關注點有兩個。

第一，美國需要確保各國的船隻在南中國海的航行自由，畢竟該海域是國際航運的重要航道。第二，美國希望維持區內的局勢穩定，縱使華府在領海爭議上不站在任何一方，相信亦不願意看到各國為此事大動干戈。

從中國的角度出發，在戰略還是經濟層面上，北京必須保衛她在南海的主權。在戰略的層面上，中國需要南中國海的控制權，以保護其南部邊境。中國不少重要的貿易及能源進口都取道南中國海，該海域局勢不穩亦是中國不願意見到的。在經濟的層面上，南中國海蘊藏豐富的魚產、礦產及能源資源，北京必會守住這塊「肥肉」。

從以上分析，可看到若南海問題最後演變成軍事衝突，對中美兩國皆有百害而無一利。縱使如此，兩國在外交上並無一絲鬆懈。中國致力向外推廣一帶一路及亞投行，對周邊國家展示軟實力。美國則致力團結南海周邊諸國，防止她們互相爭鬥，讓中國乘虛而入。

雖然各方都想避免為南海問題正面衝突，但擦槍走火有時在所難免。在二〇〇一年，一架美國海軍的 EP-3E 偵察機與一架中國海軍的殲 8 戰機在空中相撞，結果一名中國機師喪生。二〇一六年六月七日，一架美軍的 RC-135 偵察機與一架解放軍的殲 10 戰機在相距一百呎的地方高速擦身而過，雖無發生意外，但仍加劇了兩國的緊張局勢。

美國朝野對中國空軍如此進取的表現大為吃驚，中國外交部則認為美國的行為是炒作。兩國的軍機如繼續在這麼近的距離擦身而過，發生意外的可能性實不能排除。

二〇一六年六月十九日

錯綜複雜的中美關係

二〇一七年四月初，國家主席習近平與美國總統特朗普（Donald Trump）於美國佛羅里達州海湖莊園（Mar-a-Lago）舉行了首次的面對面正式會談，舉世矚目。會後，特朗普形容兩國關係取得進展，而習近平亦表示與特朗普進行長時間而深入的溝通，建立了良好的工作關係。期間，特朗普的一對稚齡外孫更為習近平夫婦獻唱《茉莉花》，為這次會面錦上添花，亦間接折射出特朗普最看重的女兒伊凡卡（Ivanka Trump）早早瞄準中國市場，自小培養子女對中國文化的興趣和了解，可謂目光深遠。

中國與全球化智庫（Center for China & Globalization）主任王輝耀在一個論壇中指出，習近平在與特朗普的會面中提到基建和能源領域的合作，亦是向全球釋放的一個良好信號，而兩國亦同意展開「百日計劃」，商討如何降低美國對華的巨額貿易逆差。中美關係在兩國元首直接會談後亦有所改善，最明顯的事例是美國並未將中國列入新一份「匯率操縱國」的名單中，而中國亦罕有地在「習特會」後的聯合國安理會有關敍利亞內戰問題的決議案中投棄權票，並非如以往般跟隨俄羅斯投反對票。

其實中美兩國的貿易逆差在乾隆年間便已存在。一七八四年，美國第一艘來華商船從紐約出發到廣州，是為中美兩國貿易的開端。其時，美國的商船帶上花旗人參、鉛和羊毛布料，希望能夠賺上一筆，卻發現美國人對於中國貨物的需求較中國人對美國貨物的需求為大，因而向中國輸出白銀以換取茶葉和瓷器，形成對華貿易逆差。

及至現代，美國對華的貿易逆差仍然存在，而且日益擴大。根據《經濟學人》（*The Economist*）一篇文章所述，二〇〇一年中國加入世界貿易組織之前，美國對華逆差佔整體逆差達到四分之一；在二〇一一年至二〇一六年間，美國對華逆差佔整體逆差近三分之二。

當然，在全球一體化的年代，貿易逆差問題並非簡單的加減算術，還須考慮多元物料供應鏈對製作一件貨物的成本的影響。舉例而言，若扣除貼有「中國製造」標籤的貨物中來自外國的部件的成本，則中國對美國的貿易順差只是官方數據的約三分之二而已。事實上，中美的經貿關係互惠互利，錯綜複雜。

美國早於二〇〇八年奧巴馬（Barack Obama）擔任總統時起便已經十六次向世界貿易組織（世貿，World Trade Organization，WTO）狀告中國，並對中國進行九十九宗反傾銷和反補貼稅調查，比美國以同樣理由調查其他任何一個國家的次數均要多，而特朗普競選總統期間更是「聲大夾惡」，聲言中國操縱匯率，自己當選總統的話會向中國的貨品劃一徵收百分之四十五懲罰性關稅。

然而，中美的經貿關係其實你中有我、我中有你，一如《經濟學人》所言：increasingly joined at the hip。首先，如果中美爆發貿易戰，則雖然中國在整體上所受到的傷害會較美國為大，但美國不同行業亦會遭受損害，例如美國農業現時近半水果和種子均出口至中國；蘋果公司 iPhone 最大市場在中國；半導體大公司如高通（Qualcomm）和博通（Broadcom）大部份利潤均從與中國貿易而得等等。

另外，美國公司亦無法割捨中國日益壯大的中產市場：麥肯錫公司估算中國中產家庭會由二〇一〇年佔整體城鎮人口百分之六到二〇二〇年上升過半，而美國大公司如通用汽車（General Motors）、波音（The Boeing Company）、星巴克（Starbucks Corporation）等都在中國市場賺得龐大的利潤。無怪乎美國的老闆們在特朗普入主白宮後蜂擁而至，請求會見並向特朗普和他的團隊解釋箇中利害，希望新總統不要輕舉妄動。

另一方面，中美兩國之間投資雙向而行，並且日益重要。根據官方數據，美國對華直接投資佔整體對外投資的百分之一，但若將經由開曼群島、香港等第三地投資於中國內地資金計算在內，則根據美國諮詢公司榮鼎集團（Rhodium Group）分析，美國自一九九〇年至二〇一五年累計對華直接投資額為二千二百八十億美元，是官方數字的三倍；中國對美國的直接投資亦由二〇一五年約一百六十億美元躍至二〇一六年四百六十億美元，並為美國各州勞工提供約九萬個職位。中國科技界的龍頭公司如華為、阿里巴巴和百度等均在矽谷開設分部，直接僱用當地科研人才發展業務和產品。

由此可見，中美經貿關係錯綜複雜，相互依存，任何妄動都可能導致兩敗俱傷、得不償失的局面。幸而中美元首在首次會面加深了解，應該有助降低發生經貿衝突的機會。

二〇一七年四月二十四及二十七日

美國退出《巴黎協議》與中國的機遇

美國總統特朗普於二〇一七年六月二日宣佈美國將退出全球近二百個國家簽署的，旨在應對全球暖化的《巴黎協議》。特朗普稱《巴黎協議》對美國的工業和納稅人不公平，只會令美國國民生產總值損失三兆美元和六百五十萬個就業職位。特朗普稱只願意在重新談判《巴黎協議》，確定其條款對美國公平後再次加入。

特朗普的決定隨即引起巨大反響：德國、法國和意大利發表聯合聲明，指《巴黎協議》是地球、社會和經濟的必要原則，不能重新談判；美國的親密盟友英國和加拿大均對特朗普的決定感到失望，並表示將繼續履行協議，保障下一代的福祉；日本副首相和環境大臣罕有地嚴詞批評特朗普的決定；印度和俄羅斯均發表聲明指會堅定支持並落實協議內容；法國總統馬克龍（Emmanuel Macron）更以英語發表電視演說，呼籲大家保持應對氣候暖化的信心，更戲仿特朗普的競選口號，稱要「使地球再次偉大（Make our planet great again）」，並公開邀請所有對特朗普的決定失望的美國科學家、工程師、創業者和關心人類存亡的美國人移民法國，與法國人一同為地球的環境和氣候奮鬥；歐盟委員會主席容克（Jean-Claude Juncker）於柏林回應傳媒提問時諷刺特朗普不應將國際協議和法律視同特朗普時常掛在口邊的「假新聞」（fake news）；Tesla 創辦人馬斯克（Elon Musk）和迪士尼行政總裁艾格（Bob Iger）宣佈辭任政府顧問職務，抗議特朗普的決定，而矽谷一眾科企行政總裁亦聯署公開信，敦促特朗普重新考慮，不要退出《巴黎協議》。

美國今次公然與世界為敵，正好給予中國提升國際地位的機遇。李克強總理訪問歐洲時表示中國將「言必信，行必果」，繼續履行協議中的承諾，並稱發展低碳經濟合乎中國和人類的利益；中國與歐盟亦發表聯合聲明，稱地球氣候變化是國家安全問題及社會、政治危機的催化劑，實行《巴黎協議》是「最高的政治責任」，雙方會在二〇二〇年前勾劃出長遠減碳藍圖，加強合作，並協助發展中國家減少碳足跡。這些承諾對於一眾受全球暖化威脅的熱帶和海島國家意義重大，亦使他們更願意與中國和歐盟合作，標誌中歐兩大經濟體將成為領導全球對抗氣候變化的核心，甚至聯手制訂潔淨能源市場的遊戲規則，大大提升兩者在全球的國際地位。

二〇一七年六月十一日

第二章

香港政局評析

宣誓風波實乃憲制危機

第六屆立法會伊始，即爆出震驚全球華人社會的宣誓風波，青年新政的兩名議員梁頌恆和游蕙禎不單篡改誓詞，侮辱中華民族，更堅拒認錯，從一開始諉過於「鴨脷洲口音」到後來宣稱「已經完整讀出誓詞」，足見本港過去十數年不重中國歷史的教育制度，使得該兩名議員連基本的歷史知識和是非觀念俱缺。

其實，類似風波亦曾於愛爾蘭上演。一九二一年，英國政府同意給予愛爾蘭島南部二十六郡自治領（dominion）地位，組成愛爾蘭自由邦（Irish Free States），擁有除國防、外交及國際貿易外的管治權，但仍由英王兼任愛爾蘭國王，議員就職時必須依法宣誓効忠愛爾蘭自由邦憲法「swear true faith and allegiance to the Constitution of the Irish Free State as by law established」，並憑藉愛爾蘭和英國的共同公民身份而忠誠於佐治五世陛下及其繼承者「be faithful to H.M. King George V, his heirs and successors by law in virtue of the common citizenship of Ireland with Great Britain」。雖然誓詞內容只要求議員忠誠於（而非效忠）國王，較之其他英聯邦自治領的誓詞用字已經非常溫和，但仍然引起愛爾蘭共和黨（Fianna Fáil）國會候選人的反對，聲言拒絕於就職時讀出誓詞內容，導致時任政府立法禁止所有拒絕宣誓者參選。若非當時的當選者最後讓步，同意讀出誓詞，恐怕會釀成憲制危機。

其實，宣誓效忠國王或國家乃重要的政治義務，牽涉是否接受和承認國家主權的問題，並非新事物。早於一二一五年，英國《大憲章》（Great Charter）已列明公僕（crown servants）及司法人員須宣誓效忠英王；其後於一六八九年的《權利法案》中寫明議員必須宣誓效忠於英王及其繼承人。而美國自立國伊始便於憲法列明所有官員和議員就任時必須宣誓效忠及擁護美國憲法。梁、游兩人的行徑蔑視國家主權，違背《基本法》第一條，是以招致中央政府的強烈反響，甚至不惜以釋法回應。

《基本法》第一〇四條列明立法會議員就職時必須「依法宣誓擁護中華人民共和國香港特別行政區《基本法》，效忠中華人民共和國香港特別行政區」。雖然青年新政及其支持者多番企圖假借民主之名掩蓋其惡行，但事實是除非他們企圖挑戰法治此一香港的核心價值，否則無論他們在選舉所得的票數多寡，均必須遵照法律的要求，於就職時依法宣誓，不然「捍衛法治」之說根本無從談起。

二〇一六年十一月七日

要解港獨思潮　先化社會矛盾

「香港民族黨」在二〇一六年三月二十八日宣佈成立，隨後中央和特區政府嚴正指出港獨違憲。

有些人認為，港獨思想不成氣候，毋須太大反應，但觀乎近年政治發展，確有需要對港獨加以警惕。

戀殖思想及分離主義在這幾年間漸漸滋長。特首梁振英在二〇一五年《施政報告》批評港大學生報《學苑》在二〇一四年二月所提出的「香港民族、命運自決」，被指小題大做；反水貨示威出現龍獅旗，當時很多人認為不過是少數年輕人搗亂，小事一宗。然而，星星之火，可以燎原。

公民黨十週年宣言大打「本土、自主」旗號；《學苑》出版的《香港青年時代宣言》要求香港成為「獨立主權國家」；香港民族黨更直言主張廢除《基本法》，鼓吹港獨。

目前露面的香港民族黨成員只有數人，但背後經費何來，還有多少人支持，均不得而知。分離主義有蔓延的迹象，必須正視。

分離思想為何愈來愈有市場？有說是受台獨思想影響。台灣經濟不及香港，去年增長只有百分之零點八五，大學畢業生平均起薪點僅二萬五千新台幣，但對很多港人來說，台灣社會民主自由，生活方式較多元化，有獨特的文化氣息，吸引不少香港年輕人前往升學、旅遊。本地政界人士亦常到台觀摩考察，當地政治對港人思想確有一定影響。

不過，港獨思想抬頭，主要源於內在因素。不論是現在的港獨，還是之前的公民提名，這些主張之所以得到年輕人支持，是因為他們不滿社會狀況，希望透過用自己心目中理想的方法選出政府，獲得更大自主自由，改變現狀。年輕人覺得社會不公平、無出路、前景黯淡，類似情況也發生在其他地方。隨着經濟全球化，資本集中在少數富人手中，貧富日趨懸殊，向上流動空間縮小，甚至出現中產萎縮的情況。在香港，問題尤其突出。

這個都市面積細小、產業結構狹窄，財富集中於金融、地產，基層身處繁華的城市，每天從傳媒看到上流社會的紙醉金迷，難免仇商仇富。社會不公不但體現在不同收入階層之間，且存在於不同世代之間。已上岸的一輩和仍在職場浮沉的一輩際遇大相徑庭。即便在公務員團隊內，兩代人的待遇也差距甚遠。回歸前入職的公務員享有長俸和豐厚房津，一些資深公務員坐擁多個物業。二〇〇〇年公務員改革後，新入職公務員既無長俸，房津等福利又遭削減，不少年輕公務員慨嘆成家立室難。公務員尚且如此，廣大年輕人的處境可想而知。

就連政治任命安排也予人不公之感。有人輸了選舉，反而加官晉爵；有人資歷平平，年薪數百萬元。

相反，一般年輕人，特別是出身基層、學歷普通的年輕人，難見出路。縱香港失業率偏低，但二十年來畢業生起薪點不升反跌。傳統支柱行業中，旅遊零售已見明顯跌幅，貿易物流也不樂觀，僅金融和專業服務業仍較具競爭力。然而金融和專業服務業的高端職位面向全球人才，本地年輕人縱擁有專業資格也要面對激烈競爭，難怪他們對前景感悲觀。

有國際評級機構以內地因素為由，降低香港的評級展望。一些人以為，香港可以透過脫離母體，另謀出路。但這個判斷並不符現實。香港自古以來是中國一部份，即使在英治時代，經濟發展亦與內地息息相關。過去香港作為中國貿易投資的唯一窗口，成就輝煌日子。時移勢易，香港面臨國內城市的競爭，要調整發展策略，但與內地割裂肯定不是出路。港獨思想受到愈來愈多年輕人吹捧，令人痛惜。特首、兩位司長和多名建制派人士都明言港獨逾越《基本法》紅線。嚴詞告誡的同時，化解深層次社會矛盾，鼓勵年輕人建立正面人生觀，已成特區政府當務之急。

二〇一六年四月十三日

強化「一國兩制」在港優勢才是出路

有關本土主義及所謂「港獨」的思潮方興未艾，部份年輕人覺得自己在這個城市找不到出路，希望透過違法或「勇武」手段爭取香港獨立。有港獨論者甚至質疑《中英聯合聲明》和《基本法》的合法性。我認為有需要澄清事實。

雖然香港不是中英談判的其中一方，但中英兩國在談判過程盡了最大的努力，聽取港人意見；港英政府高層、各部門的高級官員及其業界顧問也致力確保《中英聯合聲明》及《基本法》包羅維持港人生活和制度所需的元素及細節。香港各行各業的領袖在《基本法》諮詢委員會及起草委員會擔當顧問。港府官員亦透過中英聯合聯絡小組轄下的專家小組，反映港人意願。

《基本法》強調高度自治、港人治港（如第三條寫到「香港特別行政區的行政機關和立法機關由香港永久性居民依照本法有關規定組成」），訂明特區依法保障人權自由

（第四條）；亦保障了香港的商貿和財政自主，例如：保持獨立關稅區地位，可以在海外設立經濟及貿易辦公室，以獨立身份參加貿易組織及自行簽訂貿易協議，可沿用自己的貨幣，有自己的外匯及財政儲備，有權自行磋商民航協定及互免簽證協定，保持獨立航運登記等，不能盡錄，充份反映港方專家的貢獻。

《基本法》更訂明特區最終達致雙普選的目標，若此目標得以實現，將大大加強港人在「一國兩制」之下的聲音。可惜，行政長官普選方案已遭否決，部份年輕人爭取在港事務話語權的渴求，轉化為更激進的港獨思潮，扭曲本土論述。

香港開埠百多年，形成中西薈萃的獨特文化，我們引以為榮，自然不過。但若本土主義變得狹窄內向，不但有違香港的開放傳統，而且將會削弱香港的活力。

年輕人爭取政治力量，可以理解，但必須尊重國家憲法及香港法律。「自決公投」並非一廂情願可成事。蘇格蘭獨立公投是得到英國政府以樞密院令授權；根據加拿大最高法院的說法，魁北克也無權單方面宣佈獨立，就算公投通過獨立亦只代表加拿大政府須啟動談判。

「港獨」更加不切實際。不論根據憲法或歷史發展的現實，香港是中國的一部份，而且我們在經貿範疇及多項生活必需品都非常依賴中國。企圖透過違法行為甚至暴力來爭取改變只會傷害香港，亦難以取得國際支持。

《基本法》是憲制文件，沒有期限，第五條的「五十年不變」是指香港資本主義制度不變。五十年過後，如行之有效，無必要更改。「一國一制」和「香港獨立」均不是理想選項。除了「一國兩制」，並沒有其他更好的安排能讓香港人維持現時的制度及生活方式。重新爭拗香港政治地位，只會令社會陷於不穩。

我們應該利用「一國兩制」加強香港的優勢。既然香港在金融、商貿、航運、民航有這麼大的自主權，為何不好好善用，加強這些方面的軟硬件配套，以保持香港作為國際金融、商貿、航運中心的地位？

如果我們的基建、法律未能與時並進，例如版權法遲遲不更新，航運、航空容量問題又得不到解決，我們如何維持國際聯繫，確保有能力與內地城市進行良性競爭，彰顯香港的獨特性？

年輕人要在社會上扮演舉足輕重的角色，也需要提升自己的競爭力，例如提高語文水平，加強對香港憲法及法律的認識，以及培養其他有助他們成為領導人才的能力。我們尤其應該繼承香港兼收並蓄的文化傳統，放眼全國與全球。隨着全球經濟重心轉移，除了歐美文化，我國以及東南亞、中亞等國等的多元文化也有待我們深入認識。

只有加強香港在「一國兩制」的獨特優勢，我們才有力量解決當前種種社會民生問題，開拓更好的出路。

二〇一六年五月九日

誰是中國人

本屆立法會開鑼後爭議不絕，除「宣誓風波」外，在立法會主席競選期間，候選人梁君彥議員被指參選時未放棄英國國籍，被揶揄為「英國人」。同樣，功能組別的盧偉國議員亦被指未放棄英籍，也是「英國人」。到底根據中國國籍法，誰是中國人？

其實世界各地的國籍法皆根據兩大原則——Jus soli（出生地原則）及Jus sanguinis（血統原則）。顧名思義，根據「出生地原則」，凡是在該國領土出生者皆自動獲得該國國籍；而在「血統原則」之下，子女國籍和父母國籍相同，而子女國籍不受其出生地影響。

例如，美國主要採取「出生地原則」，其在憲法第十四修正案第一款註明，任何人士在美國領土出生或歸化，均為美國國民及所居住州份的公民。當然，駐美外交官在美國逗留期間生產的孩子是例外。葡萄牙亦採取「出生地原則」，所以在澳門出生的人士皆自動獲得葡國國籍。相對地，法國採取「血統原則」，出生於法國領土包括法屬海外領土的人士，只要父母其中一方出生於法國並為法國公民，該人士自動獲得法國國籍。

而英國國籍法則本身非常複雜。特別在二戰後，英國國力日衰，恐其殖民地紛紛獨立，其多次修改國籍法以「落閘」，避免難民因持有英籍湧入英國本土。當中最重要的改動是於一九八三年一月一日正式生效的《一九八一年英國國籍法》。該法修改了根據「出生地原則」取得英國國籍的規例，訂明父母其中一人必須是英國公民或定居英國的永久居民，該人士才擁有英國國籍。

「血統原則」方面，該法亦指明英國國籍今後只能承傳給子女一代。及後，英國為一九九七年回歸作撤退準備，制定《一九八五年香港法》，設計了一款新英國國籍British National (Overseas)，簡稱 BN(O)。BN(O) 容許包括香港人及過去的英屬領土公民在一九九七年間登記英籍，有效期直至申請人去世為止，且不能承傳給子女，所以算是一種「剩餘」的英籍身份。而 BN(O) 並不賦予居英權，即是英國再次收緊國籍法，抗拒英籍港人移居英國的「落閘」措施。因此，BN(O) 推出的時候在立法局被劉慧卿、李杜銘等戲謔為「British NO」，大鬧英國沒有承擔並歧視其殖民地子民。

相比之下，中國國籍法更為簡單明確。

中國國籍法即《中華人民共和國國籍法》，簡單明確，只有十八條，由一九八〇年九月十日公佈起實施至今。中國國籍法同時採取「血統原則」及「出生地原則」，即是在第四條註明：「父母雙方或一方為中國公民，本人出生在中國，具有中國國籍。」事實上，國家無論回歸前後一直視香港為中國不可分離的部份，一九九七年後只是恢復行使主權，所以就算在英國殖民地年代出生的香港人士，只要父母雙方或一方為中國公民，該人士就具有中國國籍，就是中國人。

那對於雙重國籍又如何處理呢？中國國籍法在第三條註明：「中華人民共和國不承認中國公民具有雙重國籍。」不過，正如有內地國籍法專家指出，雖然國家不承認，但不代表雙重國籍不存在。而參照全國人大常委於回歸前一九九六年五月十五日所通過，對在香港實施中國國籍法的《解釋》的第二條：「所有香港中國同胞，不論其是否持有『英國屬土公民護照』或者『英國國民（海外）護照』，都是中國公民。」據此，國家表明國籍並非以護照界定，而是根據國籍法的法規界定。而據《解釋》的第二條後段及第四條，英國乃至外國簽發予香港人的護照只當作「有效旅行證件」，與國籍法毫無牴觸。可見國家對香港採取務實而靈活的態度，所以具有中國國籍並持有英國護照的「雙重國籍」香港人，都是中國人。

以上可見中國國籍法雖然簡單，但原則清晰，全面兼顧「血統」及「出生地」。然而，外媒對於中國國籍法諸多批評。《經濟學人》（*The Economist*）在二〇一六年十一月一篇題為"Who is Chinese? The upper Han"的文章，指中國國籍法是血統至上主義，其界定誰是中國人主要以漢族血統為依歸，排斥非漢人申請加入中國國籍，甚至比出名入籍艱難的日本還要嚴格。文章指中國作為全世界人口最多的國家之一，據其二〇一〇年的人口統計，只有總共一千四百四十八人能歸化入籍。不過，《經濟學人》並不了解香港的情況。事實上，在「一國兩制」之下，國家於上述《解釋》第六條已註明授權香港入境事務處為受理國籍申請的機關，並根據中國國籍法對國籍申請事宜作出處理。入境處數字顯示，由一九九七年七月開始截至二〇一〇年，透過香港申請而獲批准加入中國國籍的已經有一萬零九百七十五人，遠超過《經濟學人》列出的數字。這體現中國國籍法的合理性，以及香港特區為國家的民族多樣性所作出的貢獻。

二〇一六年十二月十及十三日

三權分立的迷思

很多人經常把「三權分立」掛在嘴邊，指香港政制的行政、立法及司法三權皆獨立於其他兩權。故此，行政長官入稟原訟法庭申請頒佈梁頌恆及游蕙禎的宣誓無效，被視為破壞「三權分立」。其實這是一個誤會，香港的政制並不是行「三權分立」。

直至一九九三年港督不再出任立法局的主席及議員為止，香港的立法局在英殖時期一直都是由行政機關主導，總督及司級官員（即今天的司局長）在立法局佔大多數，所以行政立法可謂二為一體。回歸前的確有司法獨立的，而這項優勢在回歸後受《基本法》保護而得以承傳。

其實英國本身也非「三權分立」，英國沒有成文憲法，實施的是「議會至尊」（supremacy of Parliament）的制度。今天英國的議會制其實是自英格蘭國王約翰於一二一五年簽署《大憲章》（Great Charter）後逐步演進而成。英國政府有一個職位名為大法官（Lord Chancellor），昔日的大法官負責主持上議院的會議，同時是英格蘭及威爾斯地區的司法首長，也是英國內閣的閣臣之一，權力橫跨行政、立法及司法三界，為英國並非自古以來就有「三權分立」的力證。然而，自《二〇〇五年憲制改革法案》（Constitutional Reform Act 2005）生效後，大法官在上議院及法院的職能已經分別移交予上議院議長（Lord Speaker）及首席法官（Lord Chief Justice）手上。自二〇〇七年起此職位現已由司法大臣（Secretary of State for Justice）兼任。

回到英殖時期的香港，也有一位高官橫跨行政、立法及司法，他就是羅弼時爵士（Sir Denys Roberts）。羅弼時於一九五三年加入英國殖民地部，歷任尼亞薩蘭（Nyasaland，即今天Malawi）檢察官和直布羅陀律政司。一九六二年，他調任到香港任律政專員（法律政策），一九六六年至一九七八年歷任律政司和輔政司（後改稱布政司），期間兼任行政立法兩局當然官守議員。一九七九年至一九八八年，他出任香港首席大法官，是唯一一位在香港當過律政司、布政司及首席大法官的殖民地官員。在今天而言，這種由律政調到行政機關再調到法院的人事任命實是不可思議。

由此可見，在英國或是殖民地時代的香港，「三權分立」是不存在的，只有在如美國有成文憲法的國家，才有憲法規定的「三權分立」。雖然如此，《基本法》第二條保障了香港享有獨立的司法權及終審權，而區慶祥法官就梁游宣誓案頒下的判詞中則重新確認了這一點。

區官的判詞中對香港的政制有不少評論。判詞第四十九段，代表梁頌恆的資深大律師潘熙提出，立法會議員宣誓及主席容許梁游二人再宣誓的決定均屬立法會「內部事務」，按「不干預原則」（non-intervention principle）法院不應插手議會的內部事務。區官在判詞第五十一至五十三段反駁此觀點，指出英國沒有成文憲法，所行的是「議會至尊」的制度，而香港則有凌駕於議會的成文憲法《基本法》，故「不干預原則」在不同的司法管轄區應有不同的理解方式。《基本法》在香港屬至高無上的憲法文件，雖第七十五條容許立法會「自己規則自己定」，卻不可與《基本法》本身相牴觸，故此法院有權裁定立法會內的事宜有否違反《基本法》。

辯方另有提出兩個觀點，一是認為「最終裁定者」（final arbiter）應該是作為監誓者的主席而非法庭，二是特首無權為此案興訟。區官就這兩點在判詞中逐一反駁，他在第六十八段指出法院應是所有法律爭議的「最終裁定者」，這與《基本法》第八十一至八十五條中所賦予法院的權力如出一轍。他亦在判詞第一〇四段援引《基本法》第四十八（二）條，指出特首有憲制上的責任去執行《基本法》及其他香港的法律，所以特首有權為此案興訟。

區官的裁決有三大重點很值得我們咀嚼：（一）立法會雖可自行訂立規則規管內部事務，不代表法院不能過問議員在議會內一些法律有明文規定的行為；（二）立法會議員的宣誓必須莊嚴和真誠，亦必須認同現有「一國兩制」的憲制框架，即擁護《基本法》及効忠中華人民共和國香港特別行政區；（三）香港不行英國的「議會至尊」制度，而是奉《基本法》為至高無上。以上三點對法院未來的裁決至為重要。

區官的判詞中提到，即使沒有釋法，他仍會維持同樣的裁決，令坊間有人質疑釋法是否多此一舉。其實是次釋法並非只為梁游一案，它除釐清了相關的法律，亦要讓港人看到中央政府的嚴正立場，即絕不容許任何藐視國家主權及踐踏國家尊嚴的行為。區官的裁決可謂一錘定音，雖泛起不少餘波，但它與是次釋法可謂釐清了香港的憲制框架，及為長遠恢復議會秩序及撥亂反正起了重要的作用。

二〇一六年十二月一及四日

如何平衡中央權力港人自治

二〇一七年三月二十六日，一如所料，林鄭月娥取得超過七百票，勝出特首選舉。正如選前分析，在她提交的五百八十張提名票以外，還有多個界別屬於她的「備用票倉」，例如勞工界、港九區議會、中國企業協會等。選舉前夕，民建聯和工聯會已表態歸邊；這些票算起來起碼有一百二十張。再加上一些從曾營轉過去的商界票，林鄭月娥得票結果合理。

這個票數反映林鄭月娥大致團結了一千一百九十四名選委中的傳統建制派和商界，卻仍未得到泛民支持，而團結選委和團結社會是兩碼子事，後者挑戰大得多。

這一次特首選舉出現了前所未見的狀況，建制派候選人之間的競爭空前激烈，而結果和港人民意之間出現差距。中央近年多次表明其委任行政長官的權力為實質任命權，而「欽點」之說更是自第一屆行政長官選舉已有之。不過，在過往幾次選舉，港人對中央最終屬意的人選似乎沒有這麼大的異議。

第一屆行政長官選舉前，中央多番明示或暗示董建華是中央信賴的人選。能獲中央信任這個條件對首屆行政長官來說無疑非常重要，縱使當時也有其他候選人，但董建華的優勢明顯。再者那時候港人未有港人治港的經驗，對於誰最適合當特首，並沒有很大的意見，當時不存在港人意願被打壓的說法。

隨後在二〇〇二年第二屆特首選舉及二〇〇五年替補特首選舉，董建華和曾蔭權均在沒有競爭的情況下自動當選。二〇〇七年曾蔭權競逐連任，雖遇到泛民候選人梁家傑挑戰，但市民普遍相信具政府經驗及獲中央信任的曾蔭權是較佳人選，主流民意和中央一致，因此整個競選過程較為順利。到了第四屆行政長官選舉，出現梁振英、唐英年兩名建制派候選人競爭的局面。儘管何俊仁「入閘」，亦只有陪跑。當時輿論以「狼、豬之爭」比喻選舉，可見港人認為梁、唐兩人都非最理想人選，傾向以「食花生」的心態看這個選舉，最後由民意支持度稍高的梁振英選出，選舉結果總算是與民意一致。

到了這一屆的特首選舉，建制陣營內的競爭更為激烈，早期蠢蠢欲動的人士起碼有

五、六位。後來，有人因不獲開綠燈而放棄競逐，也有人在不獲祝福或鼓勵的情況下堅決參選。畢竟港人治港近二十年，已經累積了一定程度的管治經驗，擔任過司局長、立法會主席等要職而自信能擔任特首的人愈來愈多。觀乎近年各地政局，可以預料，日後不僅會有更多政壇老將參選，還可能有政治素人參與角逐，這將會是中央要面對的新形勢。

這次選舉還有一個弔詭之處，泛民陣營沒有派代表出選，反而選擇支持一個與他們最契合的建制派候選人。

結果，曾俊華成為他們的代理人，恍如加入了反對派。故此，不少報道指中央強力介入，透過不同渠道指出誰人可接受、誰人不可接受。

選舉過程中，民情出現了意想不到的變化。曾俊華過去並非特別有個人魅力，其參選政綱亦略嫌空泛；然而，從民調到他的「集氣大會」可見，他在競選期間累積了大量「薯粉」。最終高民望落敗，顯出制度缺陷。對於「薯粉現象」，中央有需要反思其成因及代表意義。

中央在特首選舉的目標是要確保心儀人選高票當選，減少撕裂，以利施政。正如前教育局局長孫明揚在其專欄指出，中央介入愈明顯，愈影響新任特首的公信力。中央的目標只完成一部份，林鄭月娥較高票數當選，但尚未取得跨黨派支持，泛民陣營對新任特首的反對恐怕會更為激烈。

展望將來，新任特首上場後，能否開創新局面，帶領香港走出困境，就要看她本人的功力，不只是看辦事效率，還要講求面對抨擊的能力，做到跨黨派溝通，以誠意爭取社會信任。

面對市民和中央的各種期望，要在尊重中央權力和維持港人高度自治之間取得平衡，需要極高的政治智慧和技巧。新任特首能否做到，我們拭目以待。

二〇一七年四月五日

香港土地政策制定的困局

特區政府面臨不少管治問題：政治方面，須處理落實「一國兩制」所面對的挑戰，就此中央和港人各有看法，不易調和；行政和立法關係也有待改善；經濟民生方面，土地問題可謂重中之重。

土地政策不僅關乎房屋供應，各種社會經濟活動，如教育、社區服務、商業及其他產業，均需要使用土地。橫洲事件正正反映香港土地政策制定的困局。

橫洲公屋計劃由原本一萬七千個單位變成「首階段先建四千個」，引起不少批評，但還是有鄉事代表認為四千個公屋單位也嫌多。此外，「棄綠保棕」的決定亦受爭議，惹來「官商鄉黑」勾結的質疑。

新界土地涉及很多持份者。發展這些土地時，不僅要考慮如何安置居民。不少土地已作經濟用途，如露天貨櫃場、回收場、修車場等，亦牽涉安置和賠償問題。此外，若項目影響到原居民的祖墳或風水，也要作出賠償。再者，無論在新界鄉郊還是全港市區，發展計劃都須考慮周邊基建配套承載力，以及對環境造成的影響。隨着新界西有愈來愈多公私營屋苑落成，元朗、屯門交通配套已見難以負荷的情況。即使在港島也有類似例子。

政府在二〇一四年公佈擬將薄扶林五幅土地用作遷置華富邨和增加公屋單位，計劃可提供八千九百個單位，連同華富邨原址，六幅土地合共可提供過萬公屋單位。地區人士隨即表示關注，例如接近飽和的薄扶林交通配套是否能夠應付，又例如發展涉及綠化帶，要砍掉數千棵樹。當局在諮詢後將五幅土地的發展面積十八公頃減少至十五公頃，仍可望維持提供八千九百個單位，至於人口增加而可能造成的交通擠塞問題則尚待解決。

由於每一個發展項目都涉及眾多持份者，政府「逐單」與相關人士「講數」，發展新界土地涉及眾多鄉事和財團利益，特別容易惹來勾結嫌疑，成立土地發展局，有助打破土地政策困局。

這個事件中，不少人關注行政長官、政務司司長和財政司司長的口徑是否一致。其實，事件反映一個更深層次問題：政府在處理土地問題方面欠缺清晰的決策架構：運輸及房屋局由政務司司長負責，而負責土地規劃的發展局則在財政司司長轄下；土地供應督導委員會由財政司司長領導，橫洲和皇后山發展又另有工作小組由行政長官主持。那麼究竟是誰負責統籌各部門？

我提出成立法定「土地發展局」，由高層官員主持，並由公職人員和不同派別的民選立法會議員等擔任成員，根據政府的長遠人口及住戶總量及結構預測，推算香港長遠土地需求，包括房屋、經濟活動（如辦公室、創意工作室、新產業設施、物流航運用地、旅遊設施）及社會設施（如幼兒園、安老院舍、醫院、骨灰龕場）所需用地，從而規劃土地供應；同時亦負責處理各類閒置或使用率偏低的土地，包括新界的棕地、閒置農地、市區內未能有效利用土地的住宅用地等，為政府建立「熟地倉」。

成立土地發展局有兩大好處，一來土地發展局有各界人士參與，收地工作可在陽光下進行，有助提升透明度和公信力，二來也有利於政府各部門協調合作。要打破土地發展困局，需要從根本制度設計上着手。

二〇一六年十月三日

賣地條款設限遏樓價　解決上車難

候任特首林鄭月娥在競選時提出房屋政綱以置業為主導，建議在居屋之上增設「港人首置上車盤」，並優化「按揭保險計劃」。

當選後，林鄭月娥繼續表示上任後會考慮以公私營合作模式，試行「港人首置上車盤」計劃。她在接受傳媒採訪時提到，「港人首置上車盤」業主很可能以年輕人為主。強調協助年輕人置業，大概是為了消解年輕人的怨氣。

不過，我認為上述措施未必是最有效解決當前房屋問題的對策。樓價高企、難以「上車」固然是令年輕人怨憤的重要原因之一，但確切一點説，他們未必是因為目前這一刻未能「上車」而感到不滿，畢竟上一輩不少人也要工作到四十歲左右才首次置業，真正的問題是樓價與大眾收入嚴重脱節。

樓價連年飈升，頻現「天價」、「癲價」，連在屯門偏離市中心的住宅呎價亦已超過一萬三千元，反觀十年多來大學畢業生的薪酬水平並沒有多大變化。樓價升幅遠超收入增長，令現今年輕人長遠也看不到置業的希望。

金管局在二〇一七年三月發表的《貨幣與金融穩定情況半年度報告》指出，香港樓價與收入比率在去年第四季上升至十五點九，高於一九九七年的高峰值十四點六，而收入槓桿比率亦攀升至百分之七十二，遠高於約百分之五十的長期平均值。換言之，樓價已遠超一般人可以負擔的水平。

雖然居屋申請資格已經放寬，單身人士入息限額為二萬六千元，家庭申請者入息限額為五萬二千元，但收入超過此限的中產人士仍然難以在私人市場置業，問題癥結在於私樓價錢高得不合理。在居屋之上加設資產及收入限額較高的資助房屋計劃，恐非有效運用公共資源解決問題的做法。

再者，樓市風高浪急的時候，鼓勵年輕人以八成按揭置業，一旦經濟下調或利率上升，置業者將面對極高的斷供風險。一九九〇年代推出的「夾心階層住屋計劃」正正因後來遇上大跌市而終止。

現在房屋市場一方面供應有限，另一方面面對極大的需求。需求不止來自本地人，也來自內地客；有自住的，也有投資的。要令樓價下降，我認為可考慮施永青先生的建議，在批出部份私人住宅發展用地時，於賣地條款加入只准售予首次置業的港人、只准自住不准出租、只准賣給合資格港人、買家月入設限等限制。透過限制需求，可減低土地價值，從而降低樓價。

房屋政策目標除了是回應置業需求，更重要的是解決居住問題，不能只看能釋放多少經濟價值。我認為應優先解決劏房問題，全港有二十萬人住在劏房，許多劏房不但居住環境惡劣，而且有建築及消防安全隱患。政府必須增建公屋協助低收入市民早日「上樓」，但覓地及興建需時，難在短期內滿足需求，故此政府應採取新思維，例如考慮購買合適的工業大廈，改為臨時房屋，確保單位符合結構及消防條例的要求，交由非牟利機構或社企管理，為劏房戶提供安全住所。

由於工業大廈在走火通道和建築物料等方面均需要符合嚴格的消防規定，改為住宅的可行性高，只要不作混合用途，禁止出現住宅與迷你倉或其他工業活動共存的情況，理應可做到符合安全要求。

解決房屋問題是政府施政的重中之重，必須對症下藥，並以解決居住問題為首要目標，讓公共資源用得其所。

二〇一七年五月五日

放棄高地價政策　出兩招遏抑樓價

近年政府不斷出招以印花稅遏抑樓市，由二〇一〇年推出額外印花稅，二〇一二年向境外買家徵收買家印花稅，二〇一三年向第二層住宅徵收雙倍印花稅，到二〇一六年將雙倍印花稅劃一為百分之十五。雖然政府多次落重藥，但樓價依然升個不停。

有港鐵通車的海怡呎價破一萬九千元；就連新界樓價近月亦急升，四百萬以下主要屋苑單位幾乎絕跡。金管局自二〇〇九年至今八度收緊按揭，成效不彰，其中二〇一五年把七百萬元以下住宅的最高按揭成數由七成降至六成，妨礙不少真正想上車的市民，惹來劣評。

房屋問題長遠而言固然要靠增加供應解決。不過，新市鎮從規劃到落成，隨時要十五二十年，新界東北的新發展區也至少要等五年後才可以入住。開發土地，不論是透過填海、重建舊區，還是改劃郊野公園用地，都要經過漫長過程。

其實，政府只要使出兩招行政措施，就可有效遏抑樓價。

第一招是公開賣地投標價錢。近年政府以招標形式賣地，棄用過去的公開拍賣形式，可能是因為怕地產商「分餅仔」，壓低售價，影響庫房收入。不過，招標之下，內地企業如海航屢次以超高價買地，令市場更加熾熱。最近，鴨脷洲地王以高逾一百六十八億的天價賣出，呎價過一萬二千元，加上建築費、發展商利潤等，建成後售價很可能達到每呎四萬。

內地發展商為確保成功投地，不惜出天價。如果政府在成交後公開投標價錢，就可減少這種情況。新加坡政府每次招標後都會公開所有入標價。香港政府就算不公開所有入標價，亦可公開頭五高的價錢，不用公開發展商名字。增加了這些市場資訊，讓發展商投地時有個譜，銀行也可按此考慮借不借錢給發展商，地價自然會有較正常的發展。

第二招更有效的是仿效內地和外國進行限購。北京、上海、深圳等多個內地城市設限購令，非本地戶籍家庭要有三至五年當地居住及繳交社保的紀錄才可以買一個單位；新加坡的組屋一早只限賣給新加坡人；近年澳洲亦限制外國人買樓，禁止不在國內長住的外國人買二手房屋。香港政府也可以採取行政措施，透過賣地條款，在推出中小型住宅用地時，規定單位只能賣給香港永久居民，甚至只能轉售給永久居民，亦可考慮加入單位面積下限，禁止發展商興建納米樓。「港人港地」住宅項目啟德一號售價高，是因為同類土地供應量少，如果能夠大規模推出限制用途的土地，地價自然回落，令中產買家得益。

當然，這代表政府要放棄高地價政策。但只要不怕開罪地產商，推出上述措施，展示為市民提供合理價錢房屋的決心，必可冷卻樓價。

二〇一七年五月二十六日

姍姍來遲的落馬洲河套港深創科園

記得在二十多年前我尚在政府服務時，已接觸到「落馬洲河套區」這個懸而不決的議題。

深圳河一直是港深之間的界線，回歸前，港府為了解決深圳河氾濫的問題，與深圳方面達成共識，進行河道治理工程將深圳河拉直。工程完成後，位於落馬洲附近的一塊八十七公頃的土地落入香港管轄範圍，是為河套區。回歸後，我參與了第一次粵港聯席會議，落馬洲河套區已被納入議程之內。這塊土地的業權及土地污染問題在過去二十多年間都甚具爭議。

可幸的是，河套地區已於二〇一三年十一月獲發環境許可證，意味着當地的環境問題應已得到妥善解決。剩下來的業權問題亦在二〇一七年一月三日港深兩地政府簽訂了《關於港深推進落馬洲河套地區共同發展的合作備忘錄》時解決，同意在遵循「一國兩制」及「共同開發、共享成果」的原則下，共同推動落實把河套地區發展成為港深創科園。香港科技園公司將成立一家全資擁有的附屬公司，專門負責港深創科園的上蓋建設、營運、維護和管理。附屬公司的董事局如有十名董事，港方將提名四名（包括主席），深方提名三名，餘下三名則由雙方共同提名。

我十分支持港深合作推動創新科技的策略。我在美國求學時，已充份見證到矽谷的科研成就，亦深深感受到香港必須大力投放資源推動創新及科技以提振經濟。我了解到香港要發展以科技為本的新產業，土地與人才是兩個必須解決的瓶頸。要結合港深兩地的優勢，必須使用邊境的土地。

回港後，我拜訪了時任房屋及規劃地政局局長孫明揚，請教他港深邊境有沒有土地適合用作促進兩地合作發展創科，他說落馬洲還有不少問題尚待解決，在新界東北如香園圍附近的土地會較為適合。自二〇〇七年起，我已多番向政府提議要好好善用落馬洲河套區促進港深合作。

十多年前，我曾經認識一位從事軟件外包服務（Business Process Outsourcing）的香港企業家，他的公司在蘇州及印度都有業務。當他得知我對落馬洲的建議後十分雀躍，他希望落馬洲創科園建成後可把自己公司在蘇州及印度的業務遷回香港，方便管理。可惜落馬洲發展計劃一拖就是十年，那位企業家已經沒有再從事科技產業，現在想起來也挺欷歔的。

自從港深兩地政府簽訂了《關於港深推進落馬洲河套地區共同發展的合作備忘錄》後，立法會的三個事務委員會（資訊科技及廣播、發展和工商）於二〇一七年一月六日召開了聯席會議，商討港深創科園的合作建議。

河套區的土地平整、基礎設施建設是由港方負責興建，並由香港科技園公司成立的一家全資擁有的附屬公司，專門負責港深創科園的上蓋建設、營運、維護和管理。香港政府計算出來所謂為香港每年提供約五百七十億的經濟貢獻，純粹是因為香港科學園整體對香港經濟的貢獻每年可達到一百九十億元，而港深創科園的總樓面面積約為香港科學園的三倍，故得出五百七十億這個數字，實甚為粗疏。這也不能完全責怪特區政府，港深創科園至今仍未有落成時間表，現今的尖端科技如人工智能技術一日千里，若創科園十年後方落成，確難在今天預測十年後的潮流，為創科園做產業定位，故其經濟貢獻實難以計算。

立法會的泛民議員一貫對陸港合作項目抱懷疑的態度，擔心創科園的基礎設施建設全由港方負責，會讓深方佔了便宜。我覺得這擔心是不必要的，因為香港不是「孤島」，我們素來都是開放市場，必須透過與國內外鄰近地區合作以發展經濟。將來創科園落成後，在招攬科企進駐時，我們應考慮的是該企業能為香港帶來多少的經濟價值、科技轉移，以及能夠為香港創造一些甚麼類型的職位，而不應因該企業的根據地有任何歧視。如能吸引像華為、騰訊、大疆等已經晉身國際舞台的內地科技大企進駐，將為香港的人才及經濟提供難得的機遇，故泛民議員毋須過度擔憂。

眾多議員的發言當中，我頗為欣賞吳永嘉議員的發言。吳議員指出，以美國為首的西方國家對中國實施各項高科技產品的禁運，但香港在一九九七年之後依然能夠獲得豁免。若創科園輸入大量內地專才，社會上有聲音擔心美國會收緊向香港輸出高科技產品的政策。

其實創科園拖至今天才起步已經算是遲了。很多港商早就已經將生產線遷出香港，而他們的下一代對製造業已經意興闌珊了，所以再工業化在香港要小心定位。然而若能吸引大企進駐，在科技轉移或創造職位，對香港還是有裨益的。

二〇一七年三月十九及二十二日

與國際品牌合作的成本

經過約十節共約十八小時的辯論，以及各委員按《財務委員會會議程序》第二十一及三十七A段提出的多項議案後，立法會財委會終於二〇一七年五月二日通過讓政府注資五十四億五千萬元，支持香港迪士尼樂園最新的擴建計劃。

這個議程項目的辯論過程有不少火爆場面，有委員指政府當年與華特迪士尼公司所簽訂的商業協議是「喪權辱港」、「割地賠款」的「不平等條約」，對議項表示極力反對。這些「金句」在社會上產生不少迴響，我日常接觸的市民當中確實有不少對是次撥款持負面觀感，覺得這是虧本生意，政府不應再將公帑拋進這個「無底深潭」。有人覺得我們應從這項旅遊基建中抽身，亦有人覺得立法會有責任敦促政府企硬與迪士尼公司重新談判，為港人爭取更優厚的條件。

當年落實建造香港迪士尼樂園時，港府以直接注資及貸款的形式投資了九十三億五千萬元在與迪士尼公司合營的樂園營運公司上。樂園第一期用地的四十億地價亦是由資本投資基金以附屬股份的形式投資。此外，港府獨力承擔為竹篙灣建造基礎設施的一百三十六億元開支，包括連接北大嶼及竹篙灣的公路、兩座公眾碼頭、填海及平整二百八十公頃土地、迪欣湖等等，還未計算為了讓港鐵建造迪士尼線而免收近八億元的股息。香港政府作為樂園的大股東，為樂園修橋搭路是理所當然的，但事實上我們的確是給予迪士尼公司相當優厚的待遇。

那為甚麼我們要給予華特迪士尼公司如此優厚的待遇？當年港府與迪士尼公司談合作時，正值亞洲金融危機之後，港府急需振興本地旅遊業，以帶動經濟復甦。當時坊間有傳言指新加坡等地都對迪士尼有興趣，香港要贏得迪士尼公司的青睞，自然要以優厚的條件取勝。

我認為某些議員用與鴉片戰爭相關的字眼，來形容政府當年與迪士尼公司所簽訂的商業協議，是相當不合適的。鴉片戰爭時英軍仗着船堅炮利，逼我國簽下的確是不平等條約，然而港府當年與迪士尼公司的商業協議是在你情我願的情況下簽訂的。更何況當年的立法會議員雖有就香港迪士尼計劃的某些範疇表示關注，但計劃仍獲大多數議員支持，故稱協議為「不平等條約」實在是不合理。

香港當年為吸引華特迪士尼公司來港建樂園而給予優厚的條件，但我們不是第一個城市這樣做。於一九八三年四月十五日開幕的東京迪士尼樂園，是亞洲第一個迪士尼樂園。它由一間上市公司東方土地（Oriental Land）私人擁有，根據公司的二〇一六年年報顯示，該公司最大的兩個股東為京西鐵路（百分之十九點九）及三井地產（百分之八點四六）兩間私企，千葉縣政府只排第三（百分之三點六三）。雖然華特迪士尼公司並無持有東方土地的股份，但其獲得的條件仍然相當豐厚。

根據立法會秘書處的資料便覽顯示，按雙方簽訂的最終合約條款，華特迪士尼公司象徵式在東京迪士尼樂園投資一千九百五十萬港元，以換取所有售賣食品與商品業務總收益的百分之五、入場費總收益的百分之十，以及任何公司贊助協議收入的百分之十。華特迪士尼公司不但收取發展東京迪士尼樂園的費用，以及全權負責設計工作，它透過一系列極為詳盡的營運手冊，在很大程度上控制其日常運作。

另一個例子是巴黎迪士尼樂園。這個歐洲的唯一一個迪士尼樂園，於一九九二年四月十二日開幕，法國政府當年將樂園稱為「法國近代史上最龐大的投資項目」。初期的融資安排是由華特迪士尼公司持有樂園整項計劃的百分之四十九股本，成為樂園最大的股東，法國政府則撥出約兩億三千三百六十萬港元的現金補助金、以低息借出約五十九億九千六百萬港元予華特迪士尼，及將華特迪士尼的增值稅由百分之十八點六減至百分之五點五。此外，法國政府亦以農地價格出售了約一千七百八十公頃土地予華特迪士尼，及資助興建多項基建設施，包括延長巴黎地鐵網絡、在樂園所在地設立地鐵總站、改善通往樂園的高速公路，以及安排橫貫歐洲大陸的TGV火車在樂園正門停站。法國政府雖不願意直接注資樂園，但給予華特迪士尼公司的條件不比東京遜色。

香港迪士尼樂園其實自二〇一一至二〇一二的財政年度起，已開始錄得過億港元的盈餘，且逐年上升，但在港府調整了自由行政策後方開始錄得虧損。若然投資樂園的目的是純粹追求財政回報，何不將金錢投資在風險低且回報穩定的AAA級債券或回報高的藍籌股票之上？事實上樂園在過去十年間為香港創造了不少經濟價值及就業職位，貢獻良多。

如果和華特迪士尼般財雄勢大的國際企業重新談判，不但動輒耗費數年光陰，且我們如此輸打贏要，以後其他跨國公司怎麼還願意與我們合作？

二〇一七年五月九及十二日

主題樂園之間的魔法大戰

各地政府都不惜以極優厚的條件吸引迪士尼在它們的城市建主題樂園，背後原因都是因為相信迪士尼的品牌。迪士尼在福布斯二〇一六年最有價值品牌排行榜中排第八位，估計它的品牌值三百九十五億美元。

迪士尼靠創造卡通人物及動畫起家，後來逐漸涉足電影、電視、周邊產品銷售以至主題樂園及度假區。它在過去十多年間積極收購其他著名品牌以壯大自己品牌的影響力，如彼思動畫製作室（Pixar Animation Studios）、漫威娛樂（Marvel Entertainment）及盧卡斯影業（Lucas film）等，它們旗下的《反斗奇兵》（Toys Story）、《鐵甲奇俠》（Iron Man）及《星球大戰》（Star War）系列等等都是港人耳熟能詳的。

然而迪士尼在主題樂園界的王者地位並不是不能動搖的。據《彭博商業週刊》

（*Bloomberg Businessweek*）所述，二〇一〇年環球影業在旗下位於美國佛羅里達州奧蘭多的環球冒險島樂園（Universal's Islands of Adventure）開設了新的《哈利波特》園區，該園區在落成首年刺激樂園入場人數增長了百分之六十六。環球影業在四年後於旁邊的佛羅里達州環球影城（Universal Studios Florida）開設了第二個《哈利波特》園區，遊人甚至不介意花七個小時排隊去玩那些新景點。最諷刺的是，為環球影業創造這些《哈利波特》園區的團隊，領導者正是迪士尼一手訓練出來的前員工。

面對環球影業的挑戰，迪士尼並沒有袖手旁觀。它在其全球最大的主題樂園迪士尼動物王國（Disney's Animal Kingdom）建造了一個以《阿凡達》（Avatar）為主題的新園區，並於五月開幕。二〇〇九年上映的科幻大片《阿凡達》創造了二十八億美元票房的佳績，迪士尼於是花了五億美元將片中的「潘多拉」星球實景重現在遊客的眼前。

從相片中所見，整個園區的像真度極高，為遊人締造恍如置身於電影世界的體驗。有分析員認為，到二〇二〇年，迪士尼的電視業務盈利將會倒退，反而主題樂園業務的營運收入將大升百分之六十四至五十四億美元，難怪迪士尼如此認真面對同行的挑戰。

由此可見，主題樂園業內確實存在不少競爭，故不同的樂園須不斷進行大額投資，增加新的景點以維持競爭力。香港迪士尼樂園自開幕以來曾多次推出新景點吸引遊客進場，最新一批景點在二〇一一年至二〇一三年間逐年推出，期間樂園確有轉虧為盈，因此我們不應因樂園近年有虧損而拒絕注資擴建，皆因新景點是主題樂園競爭力的來源。

二〇一七年五月十五日

特區政府行政怠誤？

立法會就《二〇一六年醫生註冊（修訂）條例草案》舉行公聽會，一石激起千重浪，揭露醫療制度各環節出現人手不足的問題。這條法案原本由張宇人議員以私人草案的形式提交，後由政府吸納，旨在增加香港醫務委員會（醫委會）的業外委員人數。醫委會負責規管醫療業界，所以香港醫學會、醫院管理局（醫管局）、大學、病人權益組織、受醫療事故影響的苦主等均出席會議，就法案表達意見，揭露現行制度問題叢生，亟待改善。

條例草案增加醫委會業外委員人數的其中一個目標是回應並解決現時醫委會紀律聆訊耗時過長的問題。有苦主於公聽會上表示自己的個案歷時八至十年仍未獲解決，懷疑醫委會「醫醫相衛」。有見及此，他們希望增加醫委會業外委員的人數，藉以加快醫委會處理紀律聆訊個案的速度。

然而，香港公共醫療醫生協會指出現行聆訊機制有九個瓶頸——等候投訴者提供資料及宣誓文件、等候醫療報告、等候獨立專家意見、等候法律意見、等候司法裁決結果、等候被告答辯、等候醫委會轄下的初步偵訊委員會開會、等候個案排期及等候聆訊場地，使聆訊進展緩慢，大量個案積壓。

另外，出席公聽會的蔡堅醫生表示，參與聆訊的獨立專家處理個案時，需要長時間審閱大量文件，而政府又不願補償專家為此所付出的時間和精力；再加上每宗個案均極為複雜，所有資料必須謹慎處理，以防出錯，故此願意犧牲工作時間以參與聆訊的專家甚少，而他們亦多只會在公餘時間慢速並小心地處理個案。由於參與聆訊的醫生、專家和負責支援醫委會工作的秘書處職員均嚴重短缺，紀律聆訊的進度自然緩慢，而此問題並非單靠增加醫委會委員數目便可解決。

除了醫委會紀律聆訊進度緩慢的問題外，香港亦面對醫生不足的問題。醫管局在其意見書表示，由於資助院校培訓本地醫科學生的名額由二〇〇三年的三百一十個逐步減至二〇一四年的二百五十個，而法例又規定醫務委員會批給境外醫生的有限度註冊為期不能多於十二個月，導致醫管局在過去四年間只能招募二十七名非本地醫生，面臨嚴重人手短缺的問題，無法滿足社會對醫療服務的需要。

其實，香港的司法機構亦出現類似問題，導致法院無法完全實踐其服務承諾。

根據二〇一六年的預算案文件，各級法院大致能履行其服務承諾，但是高等法院卻嚴重滯後。高等法院上訴法庭的服務承諾為刑事案件由上訴排期至聆訊不超過五十日，民事案件由申請排期至聆訊不超過九十日，但實際所需日數卻分別為五十三日和一百一十二日；高等法院原訟法庭承諾將來自裁判法院的上訴案件輪候期限於九十日之內，但實際所需日數卻是一百日；至於原訟法庭定期審訊表內的刑事案件，官方的服務承諾為由入公訴書至聆訊的輪候日數不超過一百二十日，但實際所需日數卻是二百七十二日，較承諾日數多逾一倍。

上述問題的成因在於高等法院的司法人員嚴重不足，影響法院的行政效率，尤以上訴法庭為甚。雖然立法會財務委員會於二〇一五年三月二十日已經批准司法機構增設司法職位（包括三個上訴法庭法官及一個原訟法庭法官），然而由於過去數年有多名法官晉升或退休，致使高等法院人手短缺，無法有效調配資源。二〇一二年至二〇一四年，司法機構進行三輪公開招聘高等法院原訟法庭法官的工作，但截至二〇一六年一月六日，司法機構只作出十六項司法任命，未能填補所有職位空缺。

鑑於高等法院招募司法人員有困難，司法機構已進行數輪檢討，研究能否從法官及司法人員的退休年齡和服務條件入手，解決人手不足的問題。

曾幾何時，香港的公務員系統以高效著稱，為香港二戰後經濟騰飛，一躍成為「亞洲四小龍」之一作出極大的貢獻。然而，現時香港的醫療和司法系統接連出現人手短缺問題，以致效率未如理想，歸根究柢，或源於決策失誤。例如政府於二〇〇三年時為求削減赤字而減少醫科生學額，又在二〇〇九年，在缺乏人手和土地的情況下匆匆推出醫療產業政策，顯示政府擬訂政策時流於短視；而在解決醫委會紀律聆訊進度緩慢的問題時又只因循守舊，忽略問題的真正成因，缺乏解決問題的魄力。政府宜痛定思痛，改變舊有思維，以應對新時代的挑戰。

二〇一六年四月十七及二十日

紙上監督的政府

政府的職責繁多，其中之一便是負責監督向市民所提供的物品和服務的質素，以保障市民的生命安全。然而，香港近年發生了數宗事故，揭露部份政府部門在執行監督的職責上流於形式，未有確切為市民的安全把關。

第一宗事故是二〇一二年十月一日發生的南丫島撞船事故。當日適逢國慶煙花匯演，香港電燈公司安排職員和家屬乘坐客船「南丫四號」前往中環，詎料航行至南丫島對開海域時被雙體船海泰號攔腰猛撞，南丫四號迅速沉沒，共三十九人罹難。

事後，獨立調查委員會對事故進行研訊並向行政長官提交報告，當中除了詳細分析撞船、船隻快速下沉和出現嚴重傷亡的原因外，亦指出負責監管船隻安全問題的海事處雖然有多名人員檢驗南丫四號的圖則，卻並未有發現船隻底層欠缺一道水密門。此外，調查報告更指出有海事處職員向委員會供稱在檢查船隻是否符合新訂有關救生衣數目的規例時，有海事處高層曾指示凡在新政策實施前便已存在的船隻若已符合先前的規例，海事處便會為其簽發證明書（即「新船用新例，舊船用舊例」），可見海事處未有在向南丫四號批出牌照之前先確保船隻符合所有最新的安全規例，並未有全力履行其負責監督船隻安全的責任，實屬失職。

另一宗事故是二〇一五年七月揭發的食水含鉛事件。一名立法會議員召開記者會，稱從九龍部份公共和私人樓宇收集的水樣本中發現重金屬，而從九龍城啟晴邨收集的水樣本中更發現每公升食水含鉛量超過十微克，超過世界衛生組織（世衛）《飲用水水質準則》所訂的暫定準則值。事後，行政長官會同行政會議委任食水含鉛超標調查委員會，檢視和評定香港食水現行的規管及監察制度是否恰當。

根據委員會的報告，水務署的驗水標準以世衛的暫定準則值為準，然而委員會所委任的專家證人指出就鉛而言，現時根本未有以健康為本的準則值，水務署應調查「食水是否含鉛和鉛的含量、當中有多少鉛是來自內部供水系統，以及盡量降低鉛接觸的水平」。儘管如此，水務署仍堅持以世衛的暫定準則值作準，因而被委員會報告嚴詞批評為「對於各方在當時甚或任何時候提出的良好而合理的意見都置之不理」。

除了上述的兩宗事件外，負責確保非自行評審高等教育院校在管治架構、學術水平和質素、師資、質素保證機制和財政狀況的香港學術及職業資歷評審局亦在一定程度上存在紙上監督的問題。

根據評審局的資料，該局以「四階段質素保證程序」，即「初步評審」、「課程評審」、「學科範圍評審」及「定期覆審」評核：首先，評審局會評估辦學者是否能夠達到其自訂的目標及開辦達到資歷架構標準的課程；第二，評審局會評估進修課程的水準是否達到辦學者自訂的目標及符合相關資歷架構標準的擬定學習成效；第三，評審局會根據辦學者自我評檢及確保已評審課程水準的紀錄，評估該辦學者是否擁有全面而健全的內部質素保證機制，以自我監察和評審課程；最後，評審局會每五年對辦學者進行外部覆審，評估持有效「學科範圍評審」資格的辦學者是否仍然維持健全的內部質素保證機制。

乍看之下，上述機制環環相扣，理應可為本港專上院校的質素嚴格把關。然而，有報章報道明德學院出現財政問題、港專學院首年學士學位課程「零收生」、十七間本學年有開辦學士學位課程的自資院校，當中有百分之八十二課程的實際收生人數均低於預期等問題，揭示評審局的評審制度或流於表面，未能真正履行確保非自行評審高等教育院校的財政狀況穩健的職責，亦使人擔心其在審批專上學院申請成為大學的要求時，評審過程是否只流於根據文件上所載列的要求「剔格仔」，又或類似海事處在批出船隻牌照時，過份依賴受檢者過往的評審紀錄而作出決定。

誠然，政府職責眾多，審閱文件亦是履行職責時的重要方法之一。然而，倘若官員「兩耳不聞窗外事，一心只讀官銜文」，則難免會在執行職責時脱離實際。此問題必須予以改善。

二〇一六年六月十三及十六日

華歆與官員的品格管理

南北朝筆記小說《世說新語・德行篇》記述東漢末年名士管寧和華歆的故事：管寧和華歆一同在園中鋤地，見泥土中有黃金。管寧將黃金視若普通瓦石，繼續揮鋤；華歆則拿起黃金來看，然後才將它擲到一旁；兩人又曾同席讀書，當窗外有坐着軒車，身穿華貴冕服的人經過，管寧毫不理會繼續讀書，但華歆卻放下書本，走出房間觀看。管寧有見及此，便將坐席割開，對華歆說：「你不是我的朋友。」此即成語「割席斷交」的典故。

據《三國志》和《後漢書》記載，華歆受漢少帝徵召到洛陽為官，但之後便投身曹營，步步高陞，及後更奉曹操之命，率兵入宮搜捕漢獻帝妻子伏皇后。到曹丕繼位為魏王時，華歆已成為魏國相國，晉封安樂亭侯。最後，曹丕篡漢稱帝，華歆成為司徒，位列三公。與華歆相比，管寧終身不仕，專心治學。兩相對比之下，可見讀書人既可行廉志潔，但亦可趨炎附勢，行何種道路，只在一念之間。

猶記得當初入職政務官時，當時的職系管理人員勉勵我們：「做政務官不會令你『發達』，但足以使你過上安逸的生活，使你可以無後顧之憂地以服務社會大眾為己任，並從中獲得滿足感。」其時的公務員系統以高薪、長俸和醫療、房屋等津貼消除公務員為生計而冒險貪污的誘因，亦即「高薪養廉」政策。

然而，當政務官出任手握行政資料和權力的職位，可以影響土地、房屋、金融、交通、航空等領域的運作時，商界或有關業界便會主動聯絡來往，甚至提供豪華款待、私人飛機接載和餽贈（例如相機、「金勞」等），務求使政府的決策向對自己有利的方向發展。回歸後，有部份政務官抵受不住奢華的誘惑而與商界頻繁來往，甚至為求轉戰商界而主動巴結，未過完「冷河期」便轉職有利益衝突的職位，忘卻當初就任政務官的使命。

當然，今時不同往日，在傳媒無孔不入的監察下，該等利益輸送的行為無法瞞天過海，使涉事的政務官身敗名裂，不可能如華歆般平安無事地受封安樂亭侯。如此個案一宗亦嫌多，作為百官之首、「香港吏部尚書」的公務員事務局長宜在加強政務官的技能訓練和國情研習的同時，着重政務官品格培養，以保香港政務官清正廉明的優秀傳統。

二〇一六年五月五日

第三章
創意改變世界

第四次工業革命

互聯網的發展顛覆了很多傳統產業，這現象在全球各地都有發生，有學者指出這代表第四次工業革命的來臨。這位學者就是克勞斯·施瓦布（Klaus Schwab），他是一名已入籍瑞士的德國人，我在多年前曾與他有一面之緣。

施瓦布是世界經濟論壇（World Economic Forum）的創始人及執行董事長。世界經濟論壇成立於一九七一年，是一個位於瑞士的非政府組織。該組織著稱的除了每年發表的全球競爭力報告（Global Competitiveness Report）之外，每年一月在瑞士滑雪勝地達沃斯（Davos）舉行的年度論壇更是舉世矚目的盛事。受邀參加此論壇的都是在政治、經濟、科技等領域的領導人物，今年我們的國家主席習近平亦在受邀之列，他可算是今年論壇的焦點所在。此論壇對講者的要求就是演講的內容必須有前瞻性。一九九七年的香港受惠於低稅率及政府最低干預的自由市場政策，經濟正高速發展，不論按任何一項指標都可算是達至巔峰的年代。當時有不少學者或智庫在談經濟成功要訣時均以香港為範例，施瓦布亦曾親自來港邀請港府的官員出席論壇。

施瓦布的著作 *The Fourth Industrial Revolution* 淺白易明，我推薦大家閱讀。施瓦布在書中指出，所謂「革命」就是要從根本改變一些事物，歷史上有好幾個「革命」對人類有深遠的影響。人類的第一個重要的革命是在約一萬年前，透過掌握馴養動物的技術（domestication of animals），成功從狩獵採集社會（hunter-gatherer society）發展成以務農為主的農業社會（agricultural society）。動物除了是糧食的重要來源，亦為人類的生活提供了「動力」，例如牛能幫忙耕作、馬是長途的運輸工具等。人類進入了農業社會的時期便開始在固定的地方生活。

人類第一個工業革命發生在一七六〇至一八四〇年代之間。自瓦特（James Watt）在一七八一年改進了蒸汽發動機的設計，令其產生的力量及效率有所提升，從而降低了蒸汽發動技術的運作成本，人類的主要動力來源就在此時由動物過渡至蒸汽。瓦特的蒸汽發動技術開啟了機械生產（mechanical production）及蒸汽火車的可能性，因此這個工業革命可說是由鐵路發展帶動的。

人類的第二次工業革命發生在十九世紀末至二十世紀初。這次革命的標誌就是電力及生產線。這兩項發明開啟了批量生產（mass production）的可能性，將人類的實體工業生產力推至一個新高峰。第三次工業革命發生在二十世紀六十年代，歷史上稱之為「數碼革命」，具備高速運算能力的電腦就是在這個時代誕生。初代的電腦由真空管組成，像一個房間那麼大。之後的科技進步讓電腦的大小不斷縮小，到了一九七七年Apple II 面世時，電腦已經小得可以徒手拿起來。

芝加哥大學（University of Chicago）歷史系教授肯尼斯．波美蘭（Kenneth Pomeranz）的著作 *The Great Divergence: China, Europe, and the Making of the Modern World Economy* 中就中國為何在頭兩次工業革命都落後於其他地方作出了一些分析。據英國經濟學家 Angus Maddison 的研究數據指出，中國在明朝萬曆年間佔當時世界 GDP 約百分之二十九，可謂份量十足。當時的產業多元且繁盛，如紡織、茶葉等行業都相當發達。然而明朝雖有鄭和下西洋，但其實自洪武至隆慶近二百年間一直實施海禁，禁絕一切海上貿易，亦斷絕了與外間的知識交流。波美蘭指出中國正是因為這些「鎖國」政策而沒有及時接觸到頭兩次工業革命的成果，一直採用以人力而非科技主導的生產模式，導致經濟發展大落後。明代科學家宋應星的著名科技著作《天工開物》亦在清乾隆年間被列為禁書，可見當時科技不受重視。

施瓦布指出我們現在正踏入承接「數碼革命」的第四次工業革命，其標誌為流動互聯網、各式各樣感應器及人工智能等技術。此革命其中一項特色就是將不同的現有科技糅合產生更強大的新科技，史丹福大學（Stanford University）的鮑哲楠教授（Zhenan Bao）所領導的 Bao Research Group（BRG）便是一個好例子。BRG 的研究項目包括電子皮膚（electronic skin）、有機半導體（organic semiconductor）等，都是結合頂尖化學、物理及材料科學技術的產物。另一個特色就是這些科技是具擴散性的，比以前傳播得更快更廣泛。

這場第四次工業革命帶給我們的啟示就是誰掌握創新科技，誰就能捷足先登，支配未來的經濟發展。這就是為何我國一直大力投資航天科技及極地研究等高技術領域的原因。

第四次工業革命不論是發展還是傳播速度都比過去數次工業革命快，對社會影響深遠。以智能手機為例，第一代的iPhone在二〇〇七年才面世，八年後全球智能手機用戶已達二十億。二〇〇九年Google公佈了它的無人駕駛汽車的研究計劃，六年後它的測試車已在公共路面上跑了二百萬英里。相比之下，一些舊科技如早在十九世紀已發現的電力，根據麥肯錫（McKinsey & Company）的研究顯示，至今在非洲撒哈拉以南地區（Sub-Saharan Africa）仍有近六億人沒有電力供應。

現代的新科技除了傳播速度快之外，規模都比以往的產業大。據施瓦布的著作*The Fourth Industrial Revolution*所述，一九九九年時「汽車之城」底特律的三大巨頭（General Motors、Ford及Chrysler）的總市值達三百六十億美元，僱用了一百二十萬名員工。然而在二〇一四年的矽谷，當地三大科技巨頭（Apple、Google和facebook）的總市值達一萬零九百億美元，卻只僱用了十三萬七千名員工。這意味未來的產業將由人力主導轉為技術主導，所需的人手將大幅減少，低技術職位將會是重災區。我們已進入了所謂「第二機器時代」（Second Machine Age），在電腦運算能力急速上升的今日，人工智能、感應技術及自動化的有機結合，機器將取代很多人類職位，對勞動市場將有極大的影響。

法國經濟學家湯瑪斯．皮凱提（Thomas Piketty）的暢銷書 *Capital in the Twenty-First Century* 中指出，歐美等地自十八世紀以來貧富差距不斷擴大，根源在於有一段長時間資本投資的回報率遠超過整體經濟的增長速度，導致財富集中在少數的資本家手上。皮凱提在書中提到，未來增值得最快的兩種資產將會是實體資產（如地產）及知識產權（如專利）。將來低技術工人不但會丟飯碗，如他們沒有資產又沒有驚人的創造力，相信會窮上加窮。

施瓦布在書中提到牛津大學（University of Oxford）有兩名學者正研究自動化在未來十年至二十年對一些現有行業的影響。按他們的研究結果，最受自動化威脅的專業包括電話推銷員、速遞員、地產經紀、球證和行政助理等，而最不受威脅的包括社工、外科醫生、心理學家、電腦系統分析員、人事部經理和考古學家等。從研究結果我們可以看到，將來最難被科技取代的都是一些複雜且難以量化的人文或高科技專業，所以香港人怎可說讀人文及科學學科沒有前途呢？

二〇一七年四月九、十二及十五日

科研乃興盛之本

收到史丹福大學最新一期的校刊，當中收錄新任校長 Marc Tessier-Lavigne 的文章，內容論及教育及研究是史丹福的兩大支柱，而其中研究又分為基礎研究（fundamental research）和應用研究（applied research），兩者對於史丹福以至發展經濟、創造就業和對抗疾病等均至關重要。

文章引用二十世紀初美國教育學家 Abraham Flexner 的論述，指出科學史上重要而且最終被證明有用於人類的發現或發明均非源於對實用的需求，而是源於對求知欲的滿足，正如愛因斯坦於導出「相對論」（Theory of Relativity）時亦非追求即時的實用，而是為滿足其求知欲。話雖如此，「相對論」卻突破基礎研究的層面，成為其他科學家繼續進行研究和應用的基石，最終使電視、激光、全球定位系統等現代社會常用的科技得以問世，對人類社會的進步貢獻至巨，亦印證了基礎研究很多時候是應用科技的起點。

除此之外，研究亦不時「無心插柳柳成蔭」，從一項研究中意外獲得另一項可以廣泛應用的成果。一九六五年，化學家 James Schalatter 受聘於著名藥廠 G.D. Searle 進行研究。Schalatter 在進行合成工序以製作抑制潰瘍的藥物時，無意中發現於合成過程中會產生阿斯巴甜（aspartame，即代糖），其甜味雖然較一般蔗糖強約二百倍，但其熱量卻又比蔗糖少，結果成為糖尿病患者和減肥者的恩物，現時是多種食品或飲品的其中一項重要成份，具有極大的商業價值。

既然研究如此重要，那麼經費從何而來呢？答案是政府撥款、企業贊助和大學獲得的捐贈。以美國為例，一般於大學或商業實驗室從事科研者，均有機會獲得不同政府部門或機構的研究撥款，例如美國國家科學基金會曾經撥款資助兩名史丹福研究生研究網絡搜尋引擎的演算法，而這兩名研究生的研究成果亦使他們得以創立當今幾乎無人不知的 Google；又以位於新澤西州的貝爾實驗室（Bell Laboratories）為例，其在不同時期作為商業機構轄下的實驗室的研究成果可謂彪炳，先後發明流動電話技術、太陽能電池、鐳射、通訊衛星、C 語言、Unix 作業系統等，對人類文明的發展影響深遠。

從 Tessier-Lavigne 的文章和上述例子不難看出科研對社會的經濟民生有很大的影響，那麼香港現時的科研狀況又是如何？

與美國的研究經費由政府、企業和大學所得的捐贈三方來源不同，香港大專院校的研究經費主要由政府提供。這是因為本港的企業絕大多數均為中小型企業，缺乏足夠的規模、資金和誘因贊助耗時、昂貴而又不能產生即時效益的基礎研究。

然而，根據立法會文件，香港政府於二〇一四至二〇一五學年透過大學教育資助委員會資助院校的研究總開支，僅佔本地生產總值不到百分之零點四，再加上私人投入的研究資金亦只有合共約百分之零點七，遠遜於新加坡、台灣和南韓的約百分之二至百分之四。

當然，研究資金只是其中一個因素，政策、人才等其他因素亦影響香港的科研發展，例如香港作為商業城市，素來講求回報和效益，導致不少理科生棄科研而爭相報讀醫科、法律、金融等「搵食」科目，使香港的科研人才減少；又例如香港政府因循「積極不干預」方針，未有如新加坡政府般主導大型科研項目（新加坡提出要成為首座「智慧城市」，正在研製無人駕駛艙、城市災害模擬和感測器等高端科技），使本港的科研人才既缺乏資金支持，亦無政策協助，導致科研的發展遲滯。種種因素疊加起來，使香港的科研水準無法追上世界的先進水平，政府要發展高新科技的願景淪為空談。

候任特首林鄭月娥曾於政綱中提出要為教育額外提供五十億恆常開支，以支援香港教育的發展。我認為除了用於改善中小學的積疾外，亦應大力投資於大學的科研工作，使有志的學者和學生可從事缺乏企業支持的基礎研究，並吸引國內外的優秀學者來港與本地學者合作，進行基礎或應用研究的工作，以突破目前本港科研裹足不前的困局，使香港的經濟再次騰飛。

（二〇一七年五月二十七及三十日）

科技創新與世界經濟的發展

美國總統經濟顧問委員會前主席、史丹福大學經濟學系教授及胡佛研究所資深研究員Michael Boskin在《胡佛文摘》（*Hoover Digest*）撰文，討論自二〇〇八年經濟大衰退（Great Recession）以來的世界經濟走勢。文章首先指出在大衰退發生前十五年，美國經濟曾經歷兩段短暫而溫和的衰退和兩段強勁而長期的增長，而自八十年代早期開始，美國亦出現一場前所未見、長達二十五年的強勁經濟復甦。然而，自大衰退之後，美國的經濟一直反覆，於過去十年間，並無出現連續三季或以上，超過百分之三經濟增長。雖然低油價對消費者有所幫助，但該利好因素被強美元抵銷。

美國以外，歐洲和日本的經濟表現亦乏善可陳：歐洲經濟雖然重回增長的軌道，但速度極其緩慢；日本政府雖然極力推動經濟復甦，但收效甚微。至於向被視為世界經濟增長引擎的「金磚四國」經濟亦面對壓力：中印的經濟增長放緩，俄羅斯和巴西的經濟更出現萎縮。中國政府曾召開高層會議，商討如何克服工業產能過剩和地產庫存過多等長期問題，亦考慮到中國經濟可能會出現「L形」增長，步入經濟增長放緩的時期。有中國經濟學家亦指出中國經濟已不能再經受太大的刺激，以免出現資產泡沫，加重人民幣的貶值壓力，進而引發系統性的經濟危機。

有見及此，不少極具影響力的經濟學家均質疑由於投資額不足或對科技創新投資的回報不斷減少，導致全球經濟出現一種「不上不下」的增長模式，並成為世界經濟的新常態，導致生活水準（living standards）無甚增長。美國前財政部長及聯邦儲備系統主席前候選者之一 Lawrence Summers 甚至將此現象稱為「長期增長停滯」（secular stagnation）。

然而，事實是否如此？Boskin 指出經濟增長約相等於總工時增長和生產力增長之和。生產力受資本投入、科技創新和勞動力的知識量三個因素影響，而當生產力增長百分之一時，下一代的生活水準將有約百分之三十三增長，效果顯著。根據 Boskin 研究，科技創新對七國集團（G7）自二戰後的生產力增長效果至為顯著，故此對科技創新的投資的回報其實未必有所減少。因此，部份經濟學家將近年美國經濟增長緩慢的問題歸咎於科技進步不足。

不過，亦有論者不同意上述見解，以智能手機、大數據、納米技術、機械人科技、生物科技等為例，指出仍有大量的科技創新促進世界的經濟發展。

既然如此，為何不同經濟學家仍然對於科技創新對經濟增長的影響，有不同的見解呢？Boskin 於文中指出，由於科技創新的發展軌迹難以預估，而其所帶來的商業價值在很多時候亦不太明顯，故此科技創新所帶來的經濟價值或在其他方面的影響，實在難以量度。以醫療產業為例，經濟學家普遍相信醫護質素的提升所帶來的經濟價值，並未有確切反映在實質國民生產總值的計算結果，因科技創新而有所改善的各種醫療方法更被誤為醫療費用的上升，導致科技創新對經濟的影響被錯估。

話雖如此，Boskin 亦指出科技主導的增長有其風險：在先進經濟體，科技創新和全球化對除最優秀的員工以外所有人的工資造成下行壓力，資本家佔國家收入的比重上升，而勞工所佔的比重則相對降低。這亦是為何各國的勞工界不時抗議經濟成果分享不公，要求政府為勞工階層提供更多保障（例如最低工資、最高工時等）的原因之一。

然而，因上述問題而採取遏制有助促進經濟發展的科技創新政策乃因噎廢食之舉，並不可行。Boskin 認為政府應減少官僚作風，控制赤字和國債的水平，訂立能促進資本形成的稅務政策，改革教育制度，加強投資於研究開發（Research and Development, R&D），以提供足夠的誘因促使私人資金投放於創新、創業以及人力發展等範疇，從而推動經濟發展及提升生活水準。

同樣道理，香港若要促進經濟發展，改善市民生活，亦需要政府繼續簡化官僚程序、改善香港教育制度、改良稅制，以促進投資和鼓勵研發。當然，由於包括中國在內的世界各國均面對經濟下行的壓力，故此我們不可能亦不應該期望世界經濟會有任何翻天覆地的進展。但只有持之以恆地為科技創新提供誘因，才能繼續促進經濟發展，改善市民的生活。

二〇一六年六月一及四日

「區塊鏈」的潛力和限制

現在「金融科技」（Financial Technology，簡稱 FinTech）已成為熱門詞語，其中「區塊鏈」（blockchain）技術在金融方面的應用尤其受注目，納斯達克證券交易所已利用區塊鏈技術平台來處理其私人證券市場的股票交易，多國央行及多家國際銀行也在研究區塊鏈技術的應用。而二〇一六年《財政預算案》就提到政府會鼓勵業界和相關機構探討區塊鏈技術在金融業的應用，以期減少可疑交易和降低交易成本。

《彭博商業週刊》（*Bloomberg Businessweek*）報道，JP Morgan Chase、Barclays 和 Wells Fargo 等四十五間金融機構亦組成了一個叫 R3 的集團，合作開發區塊鏈技術的應用。

區塊鏈是比特幣（Bitcoin）背後的核心技術，在這技術支援下，數據毋須經中央伺服器傳輸。目前銀行之間過數需要經由結算中心處理，區塊鏈技術則可讓不同金融機構透過對等網絡進行交易，即時共享所有交易數據。所謂「區塊」就是用加密方法產生的數據塊，每個區塊包含一宗待處理的交易資料，而最終交易的細節都記錄在公開賬簿上，上述網絡的所有參與者都看得到。

簡而言之，區塊鏈的好處是免除中介，而且令交易更透明和安全。《彭博商業週刊》引述 R3 總經理 Tim Grant 指出，區塊鏈可大大縮短資產轉移的程序，令銀行服務更高效。此外，近年黑客入侵銀行系統的問題愈來愈嚴重，二〇一六年二月，有黑客入侵 SWIFT 的跨國轉賬匯款平台，從孟加拉銀行盜取八千萬美元，有專家指區塊鏈系統可避免這類入侵。

除了銀行業外，航運、製造、娛樂等行業都對這種技術感興趣。有公司將技術用於建立獎勵員工的虛擬貨幣計劃，也有公司用於一個試驗性質的航空公司顧客優惠計劃，優惠條款可靈活修改，例如遇上航班延誤的顧客可透過系統即時使用航空公司的積分在機場買餐。隨着區塊鏈的應用日益廣泛，對雲計算服務的需求也不斷增加。去年全球雲計算服務市場規模已達到一千七百五十億美元。

儘管如此，區塊鏈並非萬應靈丹，有顧問指出，很多顧客希望利用這技術來處理企業問題，但實際上有一半情況是應該利用其他方法來解決的。而且，區塊鏈技術仍有速度限制，或未能在短時間內處理太多交易。另外，如何將此技術與現有系統結合，以及如何解決法規上的障礙，都會影響到區塊鏈的應用進展。

二〇一六年六月十日

金融科技與體系革新

現在金融科技界熱切談論的「區塊鏈」（blockchain）其實是一種「分佈式賬本」（distributed ledger），換言之，交易紀錄分佈於網絡而非備存於一個中央伺服器，能令交易「去中心化」，而且紀錄難以竄改，使交易更高效、透明、安全。

全球四十多家大型金融機構組成R3聯盟，希望利用區塊鏈建立銀行之間的交易清算平台。現在各大銀行和交易所正如火如荼地開發區塊鏈系統，務求提升交易效率。不過，《彭博商業週刊》（*Bloomberg Businessweek*）評論認為，即使是這樣，仍並未發揮區塊鏈的真正潛能。

該評論認為，在目前的全球金融體系，支付和交易等關鍵功能過度集中於少數的大型金融機構。這些大型銀行一旦發生了甚麼問題，隨時再次觸發席捲全球的金融危機；卻又因為它們掌握了金融體系的重要功能，「大得不能倒」（too big to fail），政府無可奈何，讓問題不停延續下去。有見及此，評論認為，應該利用區塊鏈技術，建立公共分佈式賬本，記錄所有交易。一來監管者可以更早發現有問題的交易，二來當交易和支付功能不再集中在大型銀行手中，有助解決「大得不能倒」的問題。

當然，這只是一個初步的構思。建構上述的公共分佈式賬本是非常複雜而龐大的工程，涉及很多研發和嘗試。評論指，雖然大型銀行和交易所都在積極投入區塊鏈研發，但都只是為了建立私有區塊鏈系統。

這種「封閉式創新」對於整個金融體系而言，未能帶來具轉化性的貢獻；反之，不少初創企業正致力於公共區塊鏈應用研發，潛力更大。

問題是有關公共區塊鏈的試驗須面對各地的監管障礙。如果試驗涉及跨境應用，相信沒有哪一間初創公司有足夠的能力和資源達到各地的法規和註冊要求。

英國金融市場行為監管局（Financial Conduct Authority）已經推出「監管沙盒」（regulatory sandbox），允許企業在當局可控的範圍（喻為「沙盒」）進行金融創新測試。評論認為美國應該效法，以推動區塊鏈的發展。

在亞洲，新加坡也已就引進「監管沙盒」進行諮詢。至於香港，證監會在二〇一六年三月成立「金融科技聯絡辦事處」，作為與金融科技業界溝通的渠道，不知會否再進一步，考慮為業界提供更大的創新空間？

二〇一六年六月二十五日

加州的「數碼經濟」及「共享經濟」

二〇一六年六月，我前往史丹福大學出席女兒兩個碩士學位的畢業禮。闊別兩年，重遊矽谷，發現這裏有兩大轉變。

第一，是更加繁榮。眾所周知，矽谷雲集了世界知名的科技公司，例如位於Mountain View的Google，以及坐落於Cupertino、總部建得像太空船的Apple。不得不提的是被微軟以二百六十二億美元收購的LinkedIn。這些公司帶動着整個地區的科技及初創氛圍，也令各大風險投資公司及私募投資公司，進駐到區內著名的Sand Hill Road上。員工不單有巨額分紅，甚至有認股權，豐厚的收入令區內物價急升。像我從前在這裏租一個兩房的公寓單位，大約一千五百美元，但現在恐怕要三四千元，已追得上香港了。

第二個轉變，是生活方便了。女兒告訴我，現在已不用學駕駛，因為有Uber。記得在二〇〇三年，到埗之初，我還未有美國的駕駛執照，沒法開車，上街上學都很不方便。但現在不同了，用Uber，幾分鐘就有車。現在還多了很多新的startups，例如由一位香港學生有份創辦的送餐服務DoorDash，以及類似Uber的共享概念，但提供散工服務的TaskRabbit。女兒說，TaskRabbit的員工都是按時薪計算，可以幫忙清潔打掃，甚至收拾行李，也可以找他們幫忙，而且一叫即到。

另外網購服務也方便了許多。從前我喜歡逛貨倉型超市如Costco及Walmart，購買潤膚霜及維他命等日用品。但今次去到，女兒幫我在Amazon訂購，我還未走，貨物已經送到來。

史丹福的校園很大，有近八千畝，很多學生也像我女兒那樣，出入靠騎單車代步，但日常生活，一切所需，只要一按手機就有了。相比起過去，的確方便多了。

矽谷的各大科技企業，憑着創新精神，改變了當地人的生活方式，也在這山谷之中累積起不少財富。離開前的一晚，我去了Sand Hill Road新開的Rosewood Hotel吃晚飯。在這豪華的酒店外，泊滿了法拉利等名貴跑車。市區車水馬龍的景象，令我印象深刻。然而從宏觀的角度看，卻凸顯出美國貧富懸殊的問題。這導致一些極端分子得到大量民意支持，像特朗普（Donald Trump）及桑德斯（Bernard "Bernie" Sanders），正好在失業率高、向上流動機會少的低收入舊工業區，如中西部密歇根州及印第安那州得到大量選票。

二〇一六年六月二十二日

顛覆香港支柱產業的互聯網

上世紀九十年代，互聯網的崛起顛覆了一些傳統產業已是眾所周知，但可能較少港人留意到互聯網亦顛覆了香港的支柱產業。

香港的貿易及物流業於二〇一五年佔本地生產總值百分之二十二點二，屬四大支柱中佔份額最大的產業。本港貿易業的龍頭之一利豐有限公司，屬世界知名的出口貿易公司，其出口的產品包括成衣、時尚飾物、玩具與遊戲、運動用品、傢具、手工藝品、鞋類與餐具等。

近年網上商貿平台的崛起讓消費者與廠商可繞過中介人直接交易，令利豐這些經營貿易中介業務的企業業績下降。利豐的股價由五年前（二〇一二年三月二十三日）的收市價十九點八六港元，緩緩下跌至二〇一七年三月二十四日收市價的三點七一港元，它的純利亦由二〇一二年的六億一千七百萬美元下跌至二〇一五年的四億二千一百萬美元。至於物流業，就如荷蘭鹿特丹港那樣，物流業的一些職位正被自動化（automation）取代，科技正在改變物流的模式。香港必須迎上這個挑戰，本港的物流業界若未能在科技應用方面追上時代的步伐，他們的利潤將被攤薄，亦難以競爭。

香港的旅遊業亦面對來自互聯網的挑戰。本地絕大多數的旅行社是小本經營的，有些負責人是兩夫婦，日常業務主要是代客訂機票及酒店。一些較大規模的旅行社則可搞旅行團。現在能獲利的都是一些高檔的豪華團，對象都是一些消費能力高的年長人士，他們比較喜歡一站式的優質服務，安排到一些具特色但較少遊客的地點。

年輕人對旅遊的需求則不一樣，他們喜歡自己規劃適合自己的行程，網上有很多大大小小的旅遊網站，自己訂機票酒店十分方便，旅行社作為中介人的角色就是這樣被稀釋。熱門應用程式 Airbnb 在港雖是無牌經營，但我最近從他們的管理層口中得知，他們在香港的 listing（房源）較台灣少，但收入卻較高。原來對他們的年輕「背包客」來說，香港最吸引的竟是如石澳般人煙稀少的地方，在沙灘上拍照上載到 Instagram 據說是很型的事。

故此酒店及旅館業視 Airbnb 為威脅，要求政府取締。旅遊業要自救必須要為旅客營造各種新的體驗。

零售業可算是受新科技衝擊的災區之一。有零售業界人士告訴我，視聽產品已經沒甚麼人買了，因為一部智能手機集多項視聽娛樂功能於一身。現時香港智能手機覆蓋率超過八成，難怪大眾對功能相對單一的視聽產品失去興趣。另一位零售業朋友則說，他的太太很喜歡網上購物。現在的消費者，特別是年輕人，都很喜歡在網上購買時裝。雖然香港人依然喜歡逛商場，但其實愈來愈多時裝業務已轉至網上經營。零售業要打破困局，應為消費者締造新的購物體驗，如利用大數據分析，為個別顧客群組提供更貼心的服務。

金融科技（Fintech）近年蓬勃發展，正重塑金融業的生態環境。區塊鏈（blockchain）、算法交易（algorithmic trading）及機器學習（machine learning）都是對行業衝擊較大的新技術。區塊鏈技術透過建立分佈式分類賬（distributed ledger），並備存在網上，從而省卻傳統上由中間人或中央機構負責處理、授權或核實交易的安排。區塊鏈的應用不止減少詐騙個案或降低營商成本，亦被應用於虛擬貨幣交易，例如比特幣（Bitcoin）。然而，正因為區塊鏈省卻了中央結算的過程，一些相關的職位就有被裁掉的風險。

算法交易是指將一些交易策略預先輸入電腦，編製成程式，程式會自動決定交易的種類、價格和數量。因為電腦程式的運算速度遠比人手輸入快，算法交易可同時處理大量的交易，亦可在短時間進行大量買賣。這些程式也可減少錯誤或違規的交易。算法交易的存在令交易員的定位產生改變，他們以往花大量時間處理實際交易操作，有了算法交易後他們可重新分配時間設計交易策略，那些不願意學習或跟不上步伐的交易員將被淘汰。

機器學習是人工智能的一種，機器學習程式透過分析用戶的使用習慣，修改自己的程式碼，讓用戶在下次使用時得到更好的體驗。這些懂得自我完善的程式可能會讓一些負責更新程式的職位消失。

由此可見，香港的支柱產業正受互聯網衝擊，而資訊科技的發展，長遠將侵蝕掉不少屬於傳統支柱產業內的職位，香港人必須盡早認清形勢，急起直追，善用現有的科技及開發新技術，裝備自己以維持競爭力，為本地及來自世界各地的消費者塑造新的體驗，否則我們將漸漸被科技潮流擊退。

二〇一七年三月三十一日及四月三日

國際矚目的大灣區發展

行政長官帶領大批政府官員、行政會議及策發會成員到珠三角「大灣區」考察。短短三日內考察團走訪了「大灣區」六個城市，行程相當緊密。我作為策發會成員原亦在獲邀之列，但立法會會務繁忙無法抽身，實在非常可惜。

大灣區泛指環繞珠江出海口的城市群，包括珠海、中山、江門、佛山（我的家鄉）、肇慶、廣州、東莞、惠州、深圳九個廣東城市，加上香港和澳門兩個特別行政區。大灣區的概念其實和美國的三藩市灣區與日本的東京灣區相近，同屬「海洋經濟」。

二〇一七年三月，李克強總理在中央政府工作報告的港澳部份中，提出要研究制訂粵港澳大灣區城市群發展規劃，可見大灣區是重要國策。香港、澳門和廣東正在與國家發改委緊密聯繫，積極推展大灣區的規劃工作，爭取在今年內完成，提交國務院審批。

國家對大灣區的重視程度之高，《經濟學人》（*The Economist*）亦聞風推出了特輯，形容這個新規劃是「皇冠上的寶石」（jewel in the crown），意指「珍寶中的珍寶」。雖然國家在上海、福建都有自貿區掛牌，但這些城市所能夠產生的經濟動力遠不及大灣區。世界銀行最近宣佈珠江三角洲已超越東京，成為全球第一大的超級城市群（megacity），區內人口達六千六百萬，比整個意大利或英國還要多。這個三角洲是世界其中一個最成功的經濟體，其本地生產總值達到一萬二千億美元，印尼人口雖是其四倍，然而其本地生產總值卻有所不及。大灣區在過去十年的每年平均增長率達到百分之十二，速度十分驚人。大灣區雖然只佔國家少於百分之一的土地及百分之五的人口，卻為中國貢獻了超過百分之十的本地生產總值，以及吸引約百分之二十五的外商直接投資總額。這個三角洲可謂中國近年經濟發展最成功的例子之一。

大灣區的成功有幾個因素。以深圳為例，它是一個移民城市。四十年前深圳只是一條小鄉村，自一九八〇年鄧小平宣佈深圳為經濟特區後，大批國內外人才及資金湧入，當地經濟迅速發展。國家改革開放為深圳引入了自由競爭，但該市作為香港的近鄰亦是其成功的重要因素。起初在深圳落戶的大多數是勞力密集型的工業，今日的深圳頂尖科企林立，如騰訊、大疆等，已成為國家的創新樞紐。

要推動大灣區內的城市進一步融合成一個更大的城市群，首先要搞好城市之間的基建設施。香港作為大灣區的一部份，已有不少跨境運輸基建設施正在建造當中，如廣深港高鐵、落成後將成為世界最長跨海大橋的港珠澳大橋等，這些基建項目在港都甚具爭議。其實大灣區的運輸網絡已比不少發展中國家好，因區內的機場及貨櫃港口有不少是世界級的，但城市之間的連繫可以做得更好。廣東省於二〇一六年公佈的五年計劃就倡導要建立珠三角「一小時交通圈」，措施包括將跨市鐵路網絡的鐵軌長度增加一千三百五十公里。此外，廣州亦大力投資其深水港以及機場旁邊超過一百平方公里的供應鏈樞紐「航空城」。

做好了交通基建，接下來就要為工業升級。珠三角正面對勞工短缺帶來的成本上漲問題。在東莞開設金屬製件廠的港商黃先生，其解決方案就是一條人機混合的生產線。生產線上的每個日本機械人成本高達二十萬人民幣，但黃先生認為三年就可把這些投資賺回來，因為這些機械人大幅提高了生產效率。二〇一六年，佛山美的集團花了近五十億美元收購了德國的機械人公司KUKA，又與日本機械人企業安川電機合作，投資了一百億人民幣研發機械人技術，準備將來將成果投放在自己的廠房和賣出去圖利。由此可見大灣區的工業家在自動化的投資上可謂不遺餘力。

然而，麥肯錫（McKinsey & Company）的顧問指出在提高生產效率方面，中國的企業過於依賴自動化技術，而非一些全球認可的商業管理工具如六標準差（Six Sigma）。

深圳的一間製造塑膠手機殼的廠房雖然沒有用六標準差，但其生產管理系統卻成功帶來百分之十的利潤。該系統透過在廠房各處的鏡頭及感應器，讓每位員工都可以透過iPad實時了解整個生產線的狀況，提高透明度，減少浪費。

雖然自動化為以上企業帶來多少成效仍有待驗證，但可看到大灣區的企業確在這方面領先其他地方。企業願意投資及嘗試新事物的精神很值得我們學習。

以往內地的工業總是予人刻板的印象，好像都是一些創新成分低的血汗工廠，多年前曾有研究指出內地在生產iPod的過程中只為其增加百分之五的經濟價值。然而，根據英國薩塞克斯大學（University of Sussex）及歐盟執委會（European Commission）最近的研究指出，中國對其出口的平均增加價值已達百分之七十六，在為產品增值方面中國可謂有明顯的進步。

《經濟學人》的大灣區特輯稱珠三角為「矽三角」（Silicon Delta），當中確是有不少成功例子。以在內地設廠、為蘋果生產iPod的台灣企業富士康（Foxconn）為例，過往可謂血汗工廠的代表，其實富士康擁有電子機械、運算及視聽技術等多方面的國際專利，並正在擴充深圳廠房，以支援蘋果深圳研發中心在快速成型（rapid prototyping）方面的需要。富士康還跟日本聲寶（Sharp）合作投資了八十八億美元在廣州生產先進的液晶體顯示屏，以及在深圳研發工業用的機械人技術。

《自然》（*Nature*）期刊在七年前已把華大基因（BGI）稱為「基因界的超級強權」（DNA Superpower），因它擁有世界上一半以上的基因排序器材。當年華大就是為了避開北方的官僚主義才把總部搬到深圳的。

靠生產通訊器材起家的深圳民企華為，二〇一六年的收入估計達到五千二百億人民幣，比二〇一五年同期增長了百分之三十二。華為把百分之十五收入以及近半員工都放在研發上，故其研發開支比蘋果還要多。就是因為敢投資、重人才及鄰近香港，深圳在過去二十年間可謂成功了。

那香港在將來大灣區發展中該如何定位？我認為香港不應再因其他人稱我們是珠三角的「龍頭」而沾沾自喜，因這些都是恭維話。事實上，我們的創新事業可謂停滯不前，憑甚麼當人家發展的「龍頭」？當然我們還有一些長久以來積聚下來的優勢，如金融、制度等等，但更不應忽視的是我們在文化上的優勢。

新加坡貿工部前部長及嘉里物流主席楊榮文指出，因應中國有自己一套獨特的文化系統，故並不會完全與世界接軌。正因如此，香港可以當內地的文化中介人。而要做好文化中介人的角色，就要在人才培訓方面下工夫，香港人要練好兩文三語，面對世界，方可在大灣區內屹立不倒。

二〇一七年四月三十日、五月三及六日

鹿特丹——世界商品經濟的寒暑表

香港貨櫃碼頭排名下跌，可反映區內經濟狀況改變。而遠在荷蘭南部的鹿特丹（Rotterdam），它所擁有全歐洲貨櫃吞吐量最大的港口亦是經濟活動狀況及未來發展的重要指標。據《經濟學人》（*The Economist*）所述，光是二〇一五年，鹿特丹港便處理了四億六千六百萬噸貨物，比起在歐洲排名第二、位於比利時的安特衛普港（Port of Antwerp）多出超過一倍。

鹿特丹港的成功並非僥倖。十九世紀中期，鹿特丹人眼見德國的工業正快速增長，便想到挖一條運河，將流經德國工業重鎮的萊茵河（Rhine）上的貨輪，帶到鹿特丹的默茲河（Maas）。

二十世紀中期，為配合戰後經濟的急促轉型，鹿特丹港建造了大量石油及化學品的儲存庫。

隨着世界經濟發展，鹿特丹港長久保持其歐洲重要港口的地位。從鹿特丹港看到的第一個趨勢是能源價格下降。二〇一四年時美國大舉開發頁岩氣，令當地對本地煤的需求大幅滑落，導致煤價大跌。美國的煤結果來到了大西洋彼岸的鹿特丹港，因為歐洲的公用事業吸收了這些便宜的燃料。不久以後，油價也回落了。但從鹿特丹港漲鼓鼓的油庫及不斷上升的期油價格來看，市場對油價的未來還是充滿信心。

能源價格下降亦與中國經濟放緩有關。中國經濟減速令國內鋼材需求下跌，剩餘的鋼材產能結果都送到鹿特丹港，令德國的鑄鋼廠少收了訂單，加上中國對德製汽車的需求下降，對德國的製造業可謂雪上加霜。這從鹿特丹港不斷下降的大宗貨品交易可見一斑。然而，美國及英國經濟卻相當看俏。二〇一五年來往鹿特丹港與英國之間的汽車渡輪流量上升了百分之十三，與美國的貿易額亦有蓬勃的增長。

隨着中國工人的薪資不斷上漲，歐洲的商家們都把廠房搬到如印尼、越南等工資更低的國家，然而一些企業則選擇將廠房搬到近總部的國家如土耳其，一般稱之為「近岸外包」（near-shoring）。廠房與目的地之間的距離縮短了，遠洋運輸的需求下降了，拉低了運輸價格。對有約四分之一的貨櫃來自中國的鹿特丹港來說，近岸外包對其業績的影響甚為明顯，它的整體貨櫃吞吐量下降了百分之一點一。若非石油貿易上升，其總貨運量增長難以達到今年的百分之四點九。有人指出近岸外包的出現可能是全球化進程開始逆轉的迹象。

有業界人士對世界貿易的前景依然表示樂觀，原因是天然資源的供求量不斷增大。俄羅斯及中東仍然相當依賴石油及天然氣出口，而亞洲地區則仍然需要更多的石化燃料以支撐其工業發展。石油貿易在過去十五年錄得四倍的增長。然而，有歐洲學者指出，世界各地均由製造業轉型為服務業主導，配合如近岸外包和立體印刷技術等物流及科技上的發展，將部份製造業搬到已發展地區已成新趨勢。

在鹿特丹港亦看到另一項世界趨勢的端倪，就是自動化（automation）。起重機操作員是每一座貨櫃碼頭的靈魂人物，掌控整座碼頭的日常運作。鹿特丹港的起重機操作員最近發起了一次工潮，是過往十二年來的第一次，原因是怕自己的工作被先進機器取代。

該港口最新增建部份Maasvlakte 2在二〇一三年開幕，新區佔地二十平方公里，整個港口增大了五分之一。這個新區的特點就是日常運作全自動化，操作員不需親自在起重機內操作，而是坐在舒適的辦公室內遙距操控，一人還可同時操控三部起重機。除此之外，地面的貨櫃運輸車輛已全自動化，可自行將貨櫃送上指定的貨輪、火車或貨車上。這些車輛非由人直接駕駛，故無須開車頭燈照明，且行車時十分寧靜，明顯消減晚間的光害及噪音污染。電池電量低的時候，這些車輛還懂得自己回到車廠，讓機械人替自己換電池。新系統不需任何人員在貨櫃上落區工作，大大減低工業意外的風險。營運商估計新系統的每小時貨櫃處理量將增加約三分之一。如此看來，難怪操作員們擔心飯碗不保。

除自動化以外，Maasvlakte 2的起重機和貨櫃運輸車輛皆全電力推動，而碼頭大部份電力由太陽能電池板及風力發電機提供，減低碼頭日常運作所產生的溫室氣體及碳足印，環保技術相當成熟。

雖然鹿特丹港等港口不能反映服務業的狀況，故未能作為世界整體經濟的寒暑表，但它們的起跌對世界未來發展確有不少的參考價值。

二〇一六年五月八日

自動化才是職位流失的元兇

不少關注科技發展的學者表示，社會大眾應留意下一波的科技發展，例如人工智能（AI）、機械人技術（robotics）及自動化（automation）等。這幾方面的突破性研究令機械人可取代人類的工作，以致不少職位因而流失。不少工業國家的政客將這些中層職位的流失歸咎於新移民或是亞洲新興國家的崛起，其實自動化才是搶走這些職位的真正元兇。

據《彭博商業週刊》（*Bloomberg Businessweek*）的一篇文章所述，歐洲第一大貨櫃港——荷蘭的鹿特丹港於二〇一五年投入運作的新碼頭採用了自動化科技，負責貨櫃裝卸的起落架不再由裝卸工人在裝卸區現場操作，而是由年輕的專才坐在控制室遙距操作，裝卸區內的貨櫃車全都是無人駕駛的。鹿特丹港在過去十年間一直維持聘用約九萬人，自動化為港口創造了不少高技術職位，但所需的裝卸工人卻愈來愈少。在七十年代，鹿特丹港僱用了約二萬五千名裝卸工人，到九十年代下跌至不足一萬二千人，現今只剩下約七千人。這是自動化導致職位流失的活生生例子。

回想香港的貨櫃碼頭亦曾經以科技先進見稱。二十年前我探訪貨櫃碼頭時，碼頭營運商向我介紹他們所使用的先進軟件，貨輪尚未泊岸，他們已可查出某個貨櫃在船上的具體位置及內有甚麼貨物。香港的貨櫃處理收費高，但其高效率足見物有所值。有本地物流業人士曾向我訴苦，指他們請人困難，年輕人不喜物流業工作時間不規律，有時需超時工作，或有時需在深夜與北美洲的港口開會。本地物流業遇到的人才及土地問題，可否透過引入新科技解決，都是很值得我們研究的。

據《彭博商業週刊》所述，不少荷蘭人將國內的職位流失歸咎於新移民，於是催生了一些右傾政客如自由黨的威爾德斯（Geert Wilders）。他主張禁止穆斯林入境、不准興建清真寺、讓荷蘭退出歐盟及不再使用歐元。威爾德斯的反對全球一體化及脫歐立場與法國國民陣線的瑪麗勒龐（Marine LePen）如出一轍，反映歐洲右翼勢力抬頭。幸好二〇一七年三月的荷蘭大選仍由現任首相馬克·呂特（Mark Rutte）帶領的自民黨取得勝利，證明理性的荷蘭選民仍是主流，但威爾德斯領導的自由黨在議席數目上仍頗有進賬，可見科技革命是改變世界政經秩序的背後真正動力。

二〇一七年三月二十八日

踏實推動科技創新　忌「假大空」

香港經濟持續放緩，本地零售額至二〇一六年四月連跌十四個月，旅遊業四月按月雖有輕微回升，但仍比前一年同期少百分之十二點六；各行各業傳出不利消息，例如翠華發出盈警、東亞宣佈大規模裁員，形勢不容樂觀。

經濟放緩並非香港獨有現象。曾與耶倫（Janet Yellen）競逐聯儲局主席一職的薩默斯（Lawrence Summers）指出美國正面對長期增長停滯（secular stagnation），內地「權威人士」亦指國家將走向「L型發展」。過去二十多年，中國經濟是全球經濟發展火車頭，隨着內地經濟增速減慢，對世界其他地方都造成影響。

面對經濟放緩，政府傳統的政策回應不外乎兩種——貨幣政策和財政政策。由於聯繫匯率的關係，香港息口調動空間不大，再者從日本、歐美等地經驗可見，反覆減息或進行量寬對刺激經濟的作用有限。

財政政策方面，香港政府奉行「大市場、小政府」，以「公共開支不超過GDP百分之二十」為理財法則，故可用的政策措施或工具相當有限。其中投資基建項目是港府慣用措施，例如前特首曾蔭權提出十大基建，而近年政府也陸續推出新基建項目，但目前新項目審批進度緩慢：二〇一〇—一一至二〇一四—一五年度，立法會財務委員會每年平均審批的新工程項目總額約七百四十億元；但本年度財委會至二〇一六年五月中只審批一百一十二億元新項目。

政府另一慣用財政手段，是推行稅項或費用減免及提供一次性額外福利開支，例如二〇一六年預算案「派糖」達三百八十八億元。除此以外，政府似乎缺乏良策。

沙士後，香港主要靠內地推動本地經濟。過去政府嘗試透過擴大自由行、推動醫療產業等政策。自由行曾大幅推動旅遊、零售、餐飲等業務，甚至帶挈樓市、股市和保險。然而自由行過度發展，超出社會承載力，引起社會反彈，令政府要向雙非孕婦、水貨客、買樓客落閘，更要求收緊深圳「一簽多行」。自由行收緊，加上內地經濟增長減慢，香港旅遊相關行業首當其衝。

金融方面，愈來愈多內地企業「班資回朝」，亦令港股大跌。

香港經濟新出路看來只剩科技創新一途。曾任老布殊總統經濟顧問委員會主席的波斯金（Michael Boskin）提供很好的觀點。波斯金指科技創新是二戰後提升發達國家生產力的主要動力。有指近年美國科技進展減慢，使生產力增速下降，他認為是因為科技創新的貢獻被低估。一來科技的發展和商業價值未必能即時反映出來；二來在某些範疇如醫療方面，科技進步給社會帶來的貢獻難用傳統的GDP來衡量。

波斯金注意到科技創新有「副作用」，令社會「強者愈強，弱者愈弱」。很多工序可用機械和人工智能取代人手，許多工種的人工也因此受壓。但他指，逃避創新是「斬腳趾避沙蟲」。他認為政府必須給予私營企業足夠誘因，鼓勵創業、創新及對研發和人才的投資，措施包括減少官僚掣肘，提供稅務誘因，增加投資於研發，改善教育制度等。

回顧香港，政府強調科技創新，值得支持，但執行上切忌「假大空」，應顧及香港的強弱項及政策令誰人得益。不少研究者指，香港創新科技的生態弱項在於技術商業化。

推動科技創新不一定只着眼於最尖端的科技，也不一定要尋求最石破天驚的發明，反而應因應香港的強弱項尋求區域合作，並務實鼓勵本地各行各業如金融、旅遊、設計、貿易等利用科技促進生產力。除了提供資助，亦應從革新相關法規（如金融科技方面的規管）、加強人才培訓等方面着手。人才培訓不但旨在令更多人投身科技創新，而且應協助不同行業的市民適應科技進步帶來的轉變。

正如波斯金所言，推動科技創新對經濟的作用並非立竿見影，而且難免有一些負面效果，但放棄創新等於作繭自縛，所以創科政策切忌好高騖遠，應力求務實落地，令社會廣泛享受到科技創新的好處。

二〇一六年六月七日

科技龍頭助年輕人投身創業

我曾拜訪谷歌香港（Google Hong Kong）董事總經理 Dominic Allon，向他請教如何鼓勵年輕人利用科技創新。Mr. Allon 表示，香港近年有不少年輕人熱衷利用科技創新，而且谷歌也推出了幫助年輕人在創新科技界發展的項目。

谷歌香港在二〇〇七年設立後，於二〇一四年與香港中文大學合作推出「EYE 年輕創業家計劃」，以鼓勵年輕企業家利用科技創新。「EYE 年輕創業家計劃二〇一五」評審大會經歷數月的評審，根據創業計劃的可行性、影響力及團隊在培訓中的進度和成長，以及演示日的表現，最後宣佈 Sam the Local 團隊獲優秀獎及十萬美元獎金，並可享用谷歌為初創企業而設的谷歌雲端平台（Google Cloud Platform）。Sam the Local 創辦人柳可欣和陳子華表示，希望為喜愛旅遊的人士提供網絡平台，方便旅行人士聯繫熟知本地故事的人或遊客，分享地道資訊及行程建議，鼓勵更多人利用該平台分享地道故事。

Mr. Allon表示，「EYE年輕創業家計劃二〇一五」之所以得到不錯的反應，除因谷歌作為科技業界的龍頭及其品牌聲譽外，也因得到很多企業支持，包括主要合夥人數碼港、畢馬威（KPMG）事務所及其他本地創科組織等等。通過舉辦該項目，Mr. Allon發現香港其實有很多熱衷科技創新且有為的年輕人。此外，有數據顯示香港近年建立初創企業的環境逐漸成熟，不少人願意擺脫傳統行業及利用科技創新。

據投資推廣署二〇一五年的一份調查顯示，香港的共用工作空間、培育器和加速器計劃的數目已從二〇一〇年的三個增至二〇一五年八月的四十個。此類共用工作空間為初創企業提供低成本及有利的工作空間，讓不同的初創團隊有更多機會交流及與潛在投資者保持聯繫。在這些處所註冊的初創企業，在少於一年內攀升百分之四十六至二〇一五年年中的一千五百五十八個。

由此可見，香港年輕人已調整過去工業界人士戲言「low tech撈嘢，high tech揩嘢」的心態，他們願意投身科技創業，尤其是獲得科技業界的龍頭及其他機構極力支持後，令他們逐漸擺脫此負面標籤。

二〇一六年四月十四日

飛龍在天的中國科企

《經濟學人》（*The Economist*）在二〇一六年八月一篇文章高度評價中國科技界的龍頭企業，稱他們為「數碼金龍」（digital dragons）。

內地的科技市場素來被批評過於封閉，例如社交網站facebook長期不能在境內使用，只有遇到一些大型活動才獲短暫性的局部解封。一些內地科技企業亦被指有抄襲的嫌疑。然而，《經濟學人》經過仔細的分析，認為中國的科技市場是一個自成一派的獨特生態系統，就像達爾文對加拉巴哥群島（Galapagos Islands）的見解一樣。表面上，只有內地的科企能夠在這系統內生存，且政府有不少政策保護這些本地科企，但仔細研究後會發現並不盡然。

國際電召車應用程式界的一哥「優步」（Uber）經過多年的掙扎後，終於將中國業務售予其於內地最大的競爭者「滴滴出行」。中國政府在二〇一六年七月向司機或乘客提供補助定為非法的行為，而「優步中國」確有每年花費十億美元在補助上，但這不是致命傷——它是在激烈競爭中被擠掉的，滴滴出行本身就是內地同業合併的產物。優步截至二〇一五年年底在全球已安排了十億次旅程，但滴滴出行單是一年間在中國的成績就比優步多四成。滴滴出行的成功，除了源於對本地文化的深入認識，它的應用程式與各大社交媒體平台的連接性都做得比競爭對手更好。

說中國市場排外亦不準確。中國是蘋果 iPhone 最大的市場，全球最受歡迎的即時通訊程式「WhatsApp」並沒有在中國境內被封鎖。雖然中國網民可自由使用 WhatsApp，但它現時在國內所佔的市場份額已被內地的最大競爭者「微信」（WeChat）遠遠超越。可能有人覺得微信是抄襲國外的同類程式，但發展至今，微信已不再只是一個即時通訊程式，它是一個集即時信息、語音通話、上網、遊戲及網上付款於一身的多功能網上平台，連繳付停車罰款都可代勞。facebook 後來在旗下的「Messenger」也加入付款功能，證明中國的科企與國外的同儕其實互相影響，並非單向吸收創意。

雖然不少中國科企的高市場佔有率確是為用戶帶來方便，但同時亦帶出壟斷的問題。滴滴出行高達九成的市場佔有率，意味着用戶對加價的反抗能力着實有限。如何在方便與競爭之間取得平衡，將是中國政府要面對的重大考驗。

二〇一六年十月二十三日

微信的世界

《經濟學人》（*The Economist*）盛讚中國科技巨擘「騰訊」（Tencent）旗下的即時通訊程式「微信」（WeChat），形容微信是社交媒體的未來。

微信的厲害之處在於無孔不入。一般即時通訊程式的用戶群都局限於智能手機的用家，但微信卻連只有幾歲的小孩也沒放過。市場上有推出支援微信功能的玩具，例如一款叫Mon-Mon的可愛布偶，內置收音、發聲及上網等功能，能與微信的雲端平台溝通。小孩對着Mon-Mon說話或唱歌，父母可透過微信聽得到。

微信在中國的成功，或多或少是本地環境造就的。在美國，手機的服務計劃包含大量SMS短信配額，已能滿足一般市民溝通上的需要，故當地的即時通訊程式的服務縱然是免費的，仍要面對極大競爭。在中國互聯網技術的快速演化中，個人電腦的電郵服務在普及化前，已被流動網絡的短信取代。當時國內SMS短信收費相當昂貴，故免費的即時通訊程式一推出就大受歡迎。

微信雖很快累積了不少客戶，但是一直只提供免費的短信服務並不能餬口。騰訊很快就意識到必須為微信開發更多功能，而這些功能應要與日常生活有密切的關係。今日的微信不但有基本的語音通話、多人聊天、大型多媒體檔案分享等功能，亦加入了商務、交際、購物、叫外賣、付款及交水電費等貼心功能。與朋友聚餐要分拆賬單，不用再數鈔票數硬幣，在微信按幾下按鈕便可完成轉賬，簡單方便。

微信對經濟最大的衝擊在於逐步淘汰現金交易。微信在二〇一三年八月推出微信錢包，是為其於網上付款之始。蘋果在二〇一六年二月在中國推出「Apple Pay」，但微信早在二〇一四年九月已推出「微信支付」，用戶可透過手機顯示的二維碼或條碼在店面直接付款。微信支付在商戶間的普及程度之高，用戶有機會全日都不需使用現金或信用卡亦無礙。微信的成功對國外的流動網絡發展有重大啟示。

根據二〇一六年首季的數據，微信在短短五年間已累積了七億多個每月平均用戶，可與國際即時通訊程式的龍頭「WhatsApp」和「facebook Messenger」媲美。然而，

WhatsApp 和 facebook Messenger 雖然各擁有接近十億名用戶，他們的盈利能力卻很有限，二〇一五年 WhatsApp 的收入僅四千九百萬美元，facebook Messenger 更是顆粒無收，微信卻在同期大賺十八億美元。

微信取得成功，騰訊開發團隊的創造力應記一功。據《經濟學人》所述，在開發微信之前，騰訊已開發了 QQ，一個以個人電腦為本的即時通訊軟件。

QQ 在內地可算是家喻戶曉，至今仍擁有近八億用戶。流動網絡的崛起讓騰訊感受到危機，管理層馬上向公司內部的數個團隊發出挑戰，讓他們開發一款針對智能電話的即時通訊程式。QQ 團隊的作品仍跟 QQ 很相似，但另一個收購回來的團隊卻開發了截然不同的微信。騰訊最後選擇了主力發展微信。

騰訊的另一神來之筆就是在微信推出「紅包」功能。每個農曆新年，中國人有派「利是」給親戚朋友的習慣，可是利是封不環保，而且要事先跑到銀行排隊換鈔票也很麻煩。騰訊想到將「利是」電子化，以電子貨幣的形式讓用戶派「利是」給親友，方便快捷。這個「紅包」功能還有一個附帶選項，就是如果以團體形式發紅包，每人將得到一個隨機的金額。這個附帶功能為每年的例行公事增加不少趣味性。剛過去的農曆新年，超過四億名用戶派了共三百二十億封「紅包」出去。

很多中國民眾一人擁有多部智能裝置，如手機、平板電腦等，他們需要的是一個綜合性多功能網上平台，利用雲端技術將用戶的不同裝置聯繫起來。一名美國風險資本家曾說過，「微信存在於你每天從早到晚與世界接觸的每一個點」，說明了微信的多元化平台實在是無孔不入。滙豐銀行估計微信的市值已超過八百億美元。

有人說中國科企的成功純粹歸功於中國政府的網絡封鎖政策，我並不認同。WhatsApp 在中國境內沒被封鎖，但它在市佔率上完全被微信比下去。然而，這並不代表騰訊不需面對競爭，阿里巴巴在網購或是流動付款方面都是強大的競爭者。

中國科企產品發展受惠於國內龐大的市場以及獨特的生態環境，得以茁壯成長。微信一站式網絡平台的運作模式引起外國一些同業的興趣。facebook 正打算將旗下的 Messenger 改造成可與商家溝通及購物的平台。然而，這不代表微信可以將其成功模式輕易複製到歐美市場去，因為當地的用家已習慣了用不同的程式解決不同需要的經營模式，相信國外科企要打入中國市場亦要面對類似的困境。聽說 facebook 計劃在不久的將來進軍中國，且看鹿死誰手。

二〇一六年十月二十六及二十九日

讓優步在中國止步的滴滴

內地最大的電召車應用程式「滴滴出行」成立了四年多，僅在其覆蓋的四百多個中國城市中，已做出平均每日二千萬趟旅程的佳績，即每月近六億趟旅程。國際電召車應用程式一哥「優步」（Uber）同期在其覆蓋的全球五百多個城市中，只做到每月約一億七千萬趟旅程，高下立見。滴滴能夠如聖經故事中的大衛般打敗了優步這個巨人，不禁令人對創辦人兼CEO程維感興趣。這位領軍人物向來甚為低調，一直以來出面的都是曾任高盛高層的總裁柳青。《彭博商業週刊》（*Bloomberg Businessweek*）便介紹了這位傳奇人物——程維。

程維的少年時代並非一帆風順。他在江西出生，爸爸是公務員，媽媽是數學老師。他高中時數學很好，但高考時他沒翻到試卷最尾的一頁，結果漏答了三題，不但考不上最好的大學，連心儀的資訊科技系也進不了，結果被分到工商管理系。大學最後一年他找到一份銷售人壽保險的工作，結果一份保險也沒有成功賣出過。後來他在一場職業博覽會中，應徵了一份自稱是「中國著名保健公司」經理助理的工作，當他到上海履新時，卻發現所謂的「著名保健公司」竟是一間腳底按摩連鎖店。自此，程維認為廣告都是騙人的，所以滴滴對廣告一直興趣缺缺。

程維職業生涯的首個轉捩點發生在二〇〇五年的一天，他直接步入一間電子商貿公司的上海辦公室，請他們給他一份工作。這間公司不但沒有趕他走，還給了他一份銷售的工作。這間公司後來成為滴滴最大本地對手「快的」的金主，它就是「阿里巴巴」。

程維雖曾在銷售保險時碰到一鼻子灰，他在新公司銷售網上廣告卻異常的順利。他在阿里巴巴遇到第一個伯樂——王剛，程維的上司。在二〇一一年的一天，王剛失落了晉升的機會，於是把程維及其他同事叫過來，讓他們想一下創業的點子。程維提出嘗試將英國電召車程式 Hailo 的成功模式複製到擁有二百萬架計程車的中國。王剛和程維於一年後離職，和一些舊同事創立了「滴滴打車」（滴滴出行的前身），王剛注入了八十萬人民幣，成了公司的主要投資者。這是一項具前瞻性的投資——王剛的股份現在已值約十億美元。

滴滴在二〇一二年成立時，市場上已有數十間類似的公司正在運作，同業間各出奇謀。有些對手爭取大型交通樞紐如北京機場的電召車服務專營權，也有行家選擇免費派智能手機予司機。這些不惜工本的手法，資源緊絀的滴滴根本無法跟隨。但是「你有張良計，我有過牆梯」，程維於是派員工到市內最大的火車站宣傳，以及集中宣傳力量於通常已擁有智能手機、較年輕的司機群。

當年冬天下了一場大雪，在街上截車非常困難，市民開始嘗試用滴滴，當天是滴滴首次單日超過一千車次的日子。這次的成績吸引了一間北京風險投資公司的注意，它向滴滴注資了二百萬美元，這筆資金成為了滴滴的救命索。

正當一切順利時，卻傳來壞消息。對手「快的打車」得到了程維的前僱主阿里巴巴的注資。程維馬上投奔另一科網巨頭騰訊的懷抱。某一個星期，滴滴跟快的同時接連遇到一連串的技術問題，兩邊的技術人員各自搶修了七天七夜，最後滴滴的一名技術人員要跑到醫院去才能把隱形眼鏡脫下來。

國際電召車巨擘優步就在這時候看中了龐大的中國市場，欲分一杯羹。

優步的出現成為了這場大戰的轉捩點，滴滴跟快的都理解再鬥下去必兩敗俱傷，讓優步漁人得利。於是他們合併成為「滴滴出行」，準備迎戰。

優步的技術比滴滴成熟，而且有足夠的資源打消耗戰。一開始滴滴說要派十億美元補助用家，優步馬上跟隨。滴滴成功爭取到蘋果的十億美元注資，優步就宣佈獲沙地阿拉伯主權基金注資三十五億美元。程維找到優步的 CEO Kalanick 坐下談談，他們惺惺相惜，並同意不應再繼續「燒鈔票」。優步最後同意以百分之十七點七的滴滴股份及十億美元現金為代價，出售其中國業務予滴滴。

程維並不同意滴滴的成就源於中國政府的傾斜政策。滴滴最初落戶深圳時，旋即被政府要求停止運作。滴滴至今替司機交了數以千萬計的罰款，而且「廣汽」及「中國人壽」兩家國企都選擇投資在優步，沒有選擇「自己人」滴滴。程維與滴滴的故事沒有亮麗的開始，但其成功很值得香港有意創業的年輕人借鏡。

二〇一六年十一月一及四日

香港能有科技巨擘嗎？

發展人工智能（AI）在西方已是大趨勢，不論是無人駕駛的汽車，還是智能手機上輸入文字時的自動修正功能，皆是AI產物。《彭博商業周刊》（*Bloomberg Businessweek*）一篇文章就介紹了百度開發AI的過程。

AI需要輸入龐大資訊方可有效運作。百度特意聘請了幾千名翻譯員為客戶提供廉價的專業文件翻譯服務，為的只是要收集翻譯數據予其AI研究。除了數據，開發AI還需要頂尖人才及設施。百度於二〇一四年聘請了曾為Alphabet（Google的母公司）服務的史丹福大學頂尖AI學者吳恩達（Andrew Ng），領導其分散在中國及美國多個研究設施，近一千三百人的研究團隊。只有像百度般市值超過六百億美元的科技巨擘才有這個能力投資發展AI。

要開發如AI般的重點科技領域，不僅需要投入大量資源，還需要有承受多次失敗的耐性。只有大企才有這個能耐，能夠長時間投入大量資金及頂尖的人才到R&D（研發）身上，像香港這種小地方根本就沒有這種條件。此外，香港公營教育制度亦不利於培育頂尖科研人才，基礎教育如數學在新高中學制中引進了可選擇的GM、M1和M2，學生數學知識並不全面，把他們整體的數理能力降低了。香港大學更取消了「天文學」及「數學／物理」主修課程，原因正是收生不足，可見本地數理文化是多麼的薄弱。這不是創科局花二十億成立創科創投基金便能夠解決的問題。

香港既然沒條件開發複雜的技術，就應集中精力在現有科技的應用上，現時幾乎人人都有的「八達通」卡便是成功的本地例子。八達通於一九九七年推出，採用RFID（射頻識別）技術，為世界上最早發展及最成功的電子貨幣，成為了全球多個國家及地區發展電子貨幣系統的典範及參考對象。然而在過去二十年間，世界各地的電子貨幣技術突飛猛進，但八達通卻沒有繼續推出劃時代的新應用方式，聽說阻力來自金管局。金管局作為監管機構，首要關注的當然是新儲值支付工具的監管問題，但不幸這也成了本地儲值支付工具發展的絆腳石。

總而言之，香港要孕育出自己的科技巨擘非常困難。我們要有自己的科技事業，就要為現有的科技構想新的應用方式。要做到這點，我們需要給予本地人才最好的教育及在法律監管上拆牆鬆綁，這都需要政府幫助方能成事。

二〇一七年四月六日

科技罪行——科「患」時代的人患

據警方資料，香港科技罪行相關的每年損失金額由二〇一〇年的六千萬元激增至二〇一六年九月的十八億七千萬元。儘管香港的整體罪行數字不斷下降，本地科技罪行的數量其實由二〇〇二年起逐年急增，由二百七十二宗增至二〇一六年九月的四千五百三十七宗，可見科技罪行已成為香港執法機關面對的主要挑戰。其實，警方有先見之明，早於上屆立法會提出撥款申請，開設一個總警司常額職位，以領導「網絡安全及科技罪案調查科」，專責打擊科技罪行。雖然有關申請因為上屆立法會會期時間不足未能通過，但警方現正為再次尋求撥款做準備工作。

事實上，科技罪行是香港以及全球共同面對的重大問題。保安局指出，二〇一五年世界各地每日發生超過一百萬宗網絡攻擊，主要針對金融體系和基建。而美國私人戰略研究機構 Stratfor 的文章 "The Year in Cybercrime: Exploiting the Weakest Link"，重點分析本年孟加拉中央銀行損失八千一百萬美元的一宗世界性科技罪行。黑客首先入侵環球銀行金融電信協會（SWIFT）的金融平台，再偽裝成央行人員使用 SWIFT 系統，向央行在紐約聯邦儲備銀行的戶口申請轉賬近十億美元。雖然大部份款項轉移已被攔截，但仍有八千一百萬美元被成功轉移。

Stratfor 在分析中重點指出的是，這次盜竊的成功不應只歸咎於央行的網絡漏洞，而更應該向黑客能順利偽裝成央行人員的方向思考。這類偽裝攻擊其實歷史悠久，本來利用電話作詐騙媒介，例如希克利（Gilbert Chikli）在二〇〇〇年左右，冒充企業主管打電話，誘騙大企業的員工轉錢至他的戶口。美國聯邦調查局（FBI）指三年內遭希克利詐騙的企業數以千計，損失達十八億美元。這舊有手法以往被稱為「冒牌行政總裁」（fake CEO scam），但竟能一直流行至今而被 FBI 正名為 business email compromise（BEC，商業電子郵件詐騙）。

BEC 的流行正好說明了科技罪行的本質其實是舊酒新瓶，昔日的騙徒把舊手法應用在新的科技平台就是今天的黑客。黑客沿用 social engineering attack（社交工程攻擊）

的手法，利用受害者的疏忽和弱點或對網上社群的基礎互信，再配以現今的科技工具，例如BEC、ransomware（加密勒索軟件），及phishing（電郵釣魚）去進行科技罪行。

就如Stratfor文章結尾所言：「Astechnological defenses improve, cybercriminals will continue to focus their attacks on the most vulnerable link in the technological chain: the human.」因此，科技罪行是科「患」更是人患，而解鈴還須繫鈴「人」。

二〇一六年十二月七日

被稱為「另類投資」的私募基金

承蒙私募投資公司 Samena Capital 的邀請，我在二〇一七年四月初前往迪拜參加了他們的「戰略投資者會議」（Strategic Ownership Group Meeting）。Samena 的六個字母代表其投資的四大區域：「S」代表「Subcontinent」（次大陸，即印度）、「A」代表「Asia」（亞洲）、「ME」代表「Middle East」（中東）及「NA」代表「North Africa」（北非），至今公司已踏入第九個年頭。這次我很高興獲邀參加我人生第一個私募投資公司的會議，以往我對這類公司認識不深，這是一次難得的機會去了解一下它們的運作模式。市場上已有不少投資工具讓投資者選擇，然而這些工具未必能夠滿足富人的投資需求，私募基金作為一種另類投資（alternative investment）就應運而生。

私募基金（private equity）有別於一般的上市公司，你不會在股票交易所買到它們的股票，因他們的集資過程並不公開，只接受私人投資者的投資。它們的另一不同之處，就是入場費相當高，我聽說有個別基金的入場費高達數百萬美元。由此可見，私募基金的投資者非富則貴。此外，私募基金公司旗下通常有好幾款不同的基金，有一種基金叫封閉式基金（closed-endfund），不容許投資者在年期完結之前提早贖回，故資金流動性低，而且派息不穩定。

為甚麼這些基金諸多限制但卻贏得富人的青睞？原因是這些基金的潛在回報極大，他們的投資對象都是一些蘊藏巨大增長潛力的公司，而且一出手就買入具影響力的份額，若然過幾年公司成功了，回報相當可觀。過往曾有一間獲投資的公司在五年間增長了五倍，成績驕人。這樣的投資不但考驗個別投資者的耐性與承受風險的能力，亦考驗基金經理的管治能力，因為基金的投資額大，一般都做到大股東，可以參與公司的管治。故基金經理一般都是由有MBA學位、對特定行業有豐富管治經驗的人出任。

要找一些潛力大但未被釋放出來的公司，在一些較成熟的經濟體如美國當然難找，因此要到一些新興市場如北非、中東、印度及中國等地方去找。以美國私募基金凱雷（The Carlyle Group）為例，它邀請當地政要加入自己的顧問團，就是要那些熟悉當地情況的顯赫人士當自己的「盲公竹」，去找那些值得投資的公司。

私募基金凱雷已有三十年歷史，雖創立於美國，但在各國有三十五間辦公室，投資者來自八十二個國家，可謂足迹遍佈全球。凱雷所管理的資產高達一千五百八十億美元，然而它只有一千七百五十名投資者，粗略計算每名投資者平均投資額達到九千萬美元以上，足見這確是「富人俱樂部」。據凱雷的網頁所述，它有四大業務部門，分別是企業私募股權、實物資產、全球市場策略及解決方案。以企業私募股權部門為例，憑着大手注資，改善公司營運，最後高價出售的策略，該部門自一九九〇年至今已進行了五百六十五次交易，共賺了六百九十億美元。

凱雷喜在新興市場邀請當地資深政經人士加入其顧問團，為的就是借助這些人對本地市場的深厚認識，例如當地社會是否穩定、有否政治風險等，去決定投資目標能否在當地繼續發展下去。

這次我藉着參與 Samena Capital 的會議，認識了很多國際政經界的名人。和他們交談間，我發現私募投資界在香港的業務相當蓬勃，但主要是尋覓投資者而非投資具潛力的公司。他們解釋私募基金較少投資本港企業並不是因為港企的意念不夠創新，而是缺乏擴展能力（scalability）。若不能在短時間擴大營運規模，點子再好也是徒然，私募基金自然興趣缺缺。

我在會上遇到一位美籍菲律賓人，他在facebook和Uber的「『A』Round」（即第一輪商業投資）就看中了這兩間公司的發展潛力，他現在可算是投資界的傳奇。但如果facebook和Uber當初只是兩間困在香港這個小市場的公司，並沒有大幅擴張規模，相信它們不會有今日的成就。

二〇一六年《施政報告》宣佈成立的二十億元「創科創投基金」，於二〇一七年年中開始營運，我已聽說有人正積極籌備申請這個基金。但即使政府願意出錢與私募基金配對，若然那些公司欠缺擴張規模的能力，相信對私募基金的吸引力依然有限。香港要在創科方面成功，必須營造合適的氛圍，要讓香港人覺得從事創新科技是有前途的，才能鼓動本地科研人才用心研究、擁抱科技，方能有所成就。若不做好STEM教學，香港的創科氛圍始終難成大器。

二〇一七年四月十八及二十一日

第四章 細談教育

TSA／BCA的存廢爭議

過去數年，全港性系統評估（TSA）鬧得滿城風雨，不少家長、教師和學生均到立法會公聽會控訴TSA的考題愈趨艱深，學生被逼操練，學習壓力陡增，而部份教育局的地區官員亦涉嫌違反指引，以學校的TSA成績向辦學團體施壓，扭曲TSA作為低風險評估的政策原意。

教育局初時堅持TSA運作暢順，惟後來由於事件愈演愈烈，最後於二〇一五年成立委員會檢討TSA。委員會於二〇一六年二月向局方提交報告，建議調整試卷及題目的設計，包括限制試題的數量及類型等，獲局方接納並於二〇一六年試行經改良的小三TSA（即基本能力評估研究計劃BCA）後，本學年正式在全港推行BCA。

BCA推出後，各界反應兩極，有人認為BCA已經一改小三TSA的弊病，因此應該重新於全港層面施行；亦有人認為BCA只是舊酒新瓶，學校仍會以變相方法操練學生，因此應該立刻廢除在小三級施行強制統一評估的做法，紓減學生的壓力。

作為長期關注教育政策的立法會議員，我積極出席與TSA／BCA相關的研討會及立法會教育事務委員會的會議，包括五月二日由十一間參與二〇一六年BCA試行研究計劃的學校主辦的分享會和五月八日由立法會教育事務委員會舉行的公聽會，聆聽正反兩方的論據。

概括而言，支持一方認為TSA／BCA有助學校每年因應學生的能力調校課程的深淺，以及協助局方改善教育政策或中央課程規劃等，在已經改正TSA弊病的情況下應該繼續要求全港的小三學生接受評估；反對一方則指出有調查發現自願參與二〇一七年BCA的學校佔全港不足三分之一，而且學校亦能透過日常的課堂習作、校內測驗和考試和教師平時的觀察評核學生的表現，反而BCA所提供的數據反饋需時，加上應考的學生並不能知道自己的BCA／TSA成績，因此反饋只能惠及來屆的學生，接受考核的學生並不會直接受惠，實屬多此一舉。

其實，一項政策能否順利推行，最重要的是政府有否向民眾展現其明白問題根源所在、獲得市民的信任和確保政策的執行不會偏離政策目標。

猶記得參加上述的二〇一六年BCA試行研究計劃分享會時，有與會校長發言時一方面指出TSA／BCA的用意在於評估學生的基本能力而非尋找精英學生，另一方面卻又煞有介事地向與會者展示一條用無關資料來迷惑學生的刁鑽試題（trick question），並洋洋自得地稱該題目能協助學校甄別學生表現良好的基本能力，使學校能「按需要加強學與教方面的跟進，邁向更高階的能力」，除了自相矛盾之外，更揭示仍有人視TSA／BCA為拔尖工具，操練誘因並未完全消失；亦有一位學校修女明言學校既然接受公帑資助，當然要接受監察，與教育局指已將TSA／BCA從小學表現評量中刪除的方針相違背。五月八日的立法會公聽會上，亦有為數不少的家長因為局方多年來懶理學生和家長對於TSA／BCA的意見而對局方懷有非常深的不信任感，對新的BCA能否根治TSA的弊病極為存疑，可見局方上述自相矛盾的行徑難以令家長信服。

事實上，局方對考評出現的問題往往反應滯後，在開始意識到問題的存在時便已經有不少學生受累，因而導致家長往往對局方的政策抱持懷疑。既然候任特首林鄭月娥在競選政綱中承諾在完成全面檢視相關政策之前，先行擱置小三TSA／BCA，為學生和家長減壓，我認為現階段實在不宜強制所有小三學生應考BCA，而是應該從長計議，暫時容許小三學生家長自行選擇是否參與BCA，以向家長釋出善意，展示局方願意聆聽家長的聲音的態度，以恢復家長對教育政策的信心。假以時日，當家長確信BCA是一個有益於教學而非導致子女被逼操練的教學評估時，自然不會再抗拒子女接受BCA評估，TSA／BCA的爭議便能迎刃而解。

二〇一七年五月十日

《怪誕經濟學》與TSA／BCA

有十二名立法會議員就全港性系統評估／基本能力評估（TSA／BCA）問題約見政務司長張建宗，惟會後有議員表示政府堅持現時執行TSA／BCA的效果不錯，無意暫緩。現時看來只能待新政府七月上台後才能帶來改變。

有關TSA／BCA是否高風險的測試的辯論，使我想起美國芝加哥大學（University of Chicago）經濟學教授列維特（Steven Levitt）在二〇〇五年出版的著作《怪誕經濟學》（*Freakonomics*）中有關教師與作弊的章節。其時，美國總統於二〇〇二年簽署的《有教無類法案》（No Child Left Behind Act）大幅加強對學校和教師的問責，全國所有三至八年級的學生每年必須接受各州政府的閱讀和數學統一考試，而倘若學校表現不佳，則會面臨遭公開標籤為「需要改善的學校」（in need of improvement）、會遭強制削減資源、更改教師編制甚至被官方接管等嚴厲措施，對於學校和教師而言是名副其實的高風險評估，導致他們有巨大的誘因鋌而走險，透過於試前向學生泄漏試題、改卷時刪改學生的答案等手法使學校達標。

當然，香港的TSA／BCA的結果並不會公開，其目的亦只在協助教育局及學校了解學生中、英、數三科的學習水平，和相應制定改善教學成效的校本計劃與宏觀的教育政策，實際上亦沒有上述美國的州級統一考試的風險高，故不大可能出現如《有教無類法案》導致的作弊問題，討論的焦點應在於如何確保TSA／BCA一如教育局所言，是一個低風險的評估。

有議員提議以「不記名、不記校」的方式解決問題，然而根據五月二日由十一間參與二〇一六年BCA試行研究計劃的學校主辦的分享會的說法，教育局其實有利用學生獨有的學生編號（STRN）對學生的成績作追蹤研究，因此「不記名」的做法其實亦不完全能夠隱蔽應考學生的身份；另 方面，會上亦有一位學校修女明言學校既然接受公帑資助，當然要接受監察，與教育局指已將TSA／BCA從小學表現評量中刪除的方針相違背，可見局方尚未完全清除學校操練學生的誘因。

候任特首林鄭月娥在競選政綱中承諾在完成全面檢視相關政策之前，先行擱置小三TSA／BCA，為學生和家長減壓。有鑒於此，我認為最恰當的做法是先暫時容許小三學生自行選擇是否參與BCA，在確信BCA並無TSA的問題並獲得家長的信任後，便能解決問題。

二〇一七年五月二十四日

自資不了的自資學院

有報道指，有自資專上教育界人士希望政府考慮以學券制或津貼的形式，令自資學位學費拉近至資助學位的水平，並豁免自資院校開辦課程部份的貸款，甚至將「指定專業／界別課程資助計劃」擴大至補助全部自資課程。

上述建議不單與「自資」的概念相矛盾，亦揭示自資專上教育政策的失敗。二○○○年，時任特首董建華在《施政報告》中首次提出要於十年內將高等教育的普及率由百分之十八提升至百分之六十，而繼任的特首曾蔭權又提倡將教育產業化，致使自資專上課程如雨後春筍般不斷增加，而政府亦推出諸如象徵式地價批地、提供免息開辦課程貸款、設立三十五億元的自資專上教育基金等措施，支援自資專上教育界別的發展。

自資專上課程迅速發展，使香港的高等教育普及率大幅提升，然而當近年香港的中學生人數下跌，多間自資專上學院均未能招收足夠的學生，更出現港專學院「零收生」

的情況。事實上，大學教育資助委員會曾於二〇〇九年進行高等教育檢討，並於二〇一〇年向政府提交報告，列出自資專上界別面對的三項風險：財政困難、各自為政及課程質素缺乏保證。報告指純粹依靠市場力量並不可行，政府必須加以監管，惟政府雖然接納報告建議的整體策略和方向，在執行上卻未臻完善，例如教育局管理自資專上教育發展的手法為人詬病，除了被批評欠缺對自資學位的規劃導致出現「零收生」的情況外，亦於最近審計署的報告中被批評監管不力，出現諸如自資學院拖欠政府貸款不還、未有依程序審核院校的用地計劃等問題。種種問題積累之下，便出現有學生學債高築，卻又未必能夠獲得廣受僱主認可、與政府資助學位同等的學歷，陷入「高不成，低不就」的窘境。

根據政府資料，政府資助的大學學士學位的平均單位成本約為二十五萬元，而根據教育局「經評審專上課程資料網」（iPASS）的資料，自資專上院校的學士學位課程，每年的學費平均約為七萬元，可見不少自資學士學位難以達至政府資助學士學位的質素。政府應該調整政策，逐步淘汰未具備基本學術水平的自資學位，並致力發展職業教育及使經濟多元化，解決現時大學生供求失衡的問題，為年輕人創造新的出路。

二〇一七年五月二十一日

政府資助自資學院與「自資」概念矛盾

候任特首林鄭月娥與私立大學和自資院校的代表會面，席間討論以學券形式大規模資助學生報讀經評審的自資學位，預料每年增加約十億元的開支，並可能隨通脹而上升。

據悉，與會的自資院校代表歡迎有關提案，但卻再進一步，要求政府一併資助副學士學位課程，以及將院校配對補助金計劃的資助額提高至院校一元兑政府兩元，甚至要求容許自資院校招收內地學生。

追本溯源，學券制由美國著名經濟學家佛利民教授（Milton Friedman）首先提出，旨在「錢跟人走」，給予家長自由為子女選擇學校的權利，而學校憑藉家長付予學校的學券向政府換取資源以進一步改善教學質素，從而進一步吸引更多學生，以市場的力量達至汰弱留強的效果。

在香港，前特首曾蔭權於二〇〇七至二〇〇八學年引入學前教育學券計劃，同時繼續推動自資大專院校的發展，將香港的教育產業化。一時之間，自資院校如雨後春筍般開辦，不少學生紛紛報讀。然而，自資院校的質素良莠不齊，而且自從政府於二〇一三年叫停「雙非」家長來港產子後，學生的人口預期將會下降，自資大專產業亦可能無以為繼，難怪自資學院紛紛要求政府增加對自資學位的資助及容許招收內地生。

要求政府資助自資學院，不單與「自資」的概念相矛盾，亦揭示自資專上教育政策的失敗。自資學院本來跟隨市場定律運作，本應遵從汰弱留強的準則競爭，豈能輸打贏要，要求政府撥款支持，以求「鹽水吊命」？再者，強行保住本該遭淘汰的低質課程供學生報讀的話，只會誤了學生的青春；而來港升學的內地生亦大多成績優良，只會考慮報讀具規模的大學，即使開放自資學院招收內地學生，有多少人願意報讀亦成疑問。

增加恆常撥款以解決教育的問題是好事，但決策者必須明白三點：（一）金錢不能解決所有問題，政府必須避免浪費公帑；（二）政府必須知道撥款的受惠對象；（三）

除了教師外，學生、家長、僱主和納税人均為教育的持份者。下屆政府在決定新增的恆常撥款應該如何使用時，必須時刻謹記上述三點，確保資源用得其所。

二〇一七年六月二日

說好了的 STEM 呢？

香港大學理學院長 Matthew Evans 教授在回覆港大理學會查詢的電郵中，確認由於近年修讀和畢業的人數稀少，學院決定於二〇一八—一九學年起取消向新生提供「天文學」和「數學及物理」（Mathematics／Physics）兩個主修學科。院長於覆郵中指出，學院有責任善用資源，並認為與其開設小眾課程，不如將資源用於提升有較多學生修讀的學科，以提升整體教學質素。

該消息引起港大校友的關注和反響。於港大主修「數學及物理」畢業的前教育局局長孫明揚表示當年「有成百幾人修讀」，不相信發展至近年只有一人主修「數學及物理」；同樣主修「數學及物理」畢業的前天文台台長林超英，亦於社交網站貼文批評校方以修讀人數作為決定主修科去留的做法令人難以置信，並指出「數學及物理」的課程本來是為預備學生進行更深入的科學研究，故課程更為艱深，學生人數較少乃是情理之中。

港大單以學生人數決定取消「大文學」和「數學及物理」的主修科地位未免過於短視。

第一，政府已經多番強調要加強推動科學、科技、工程和數學（STEM）教育，以配合推動香港創新及科技發展的政策，港大的決定與此背道而馳；第二，教育局文件指出香港學生在有關科學、科技和數學的國際研究或比賽中均有良好表現，可見香港學生具備修讀高深數理科目的資質，港大應該研究如何鼓勵這些具資質的新生選擇主修「天文學」或「數學及物理」，而非「諗縮數」；第三，內地近年大力發展航天科技，修讀天文學的學生其實大有可為。香港大學太空研究實驗室主任暨國際天文聯合會太空生物學委員會主席郭新教授指出，香港應該積極參與內地的航天研究項目，善用內地的觀測設施，如此便能給有意投身天文學研究的年輕人有新的發展方向和機會，亦能鼓勵精於理科的年輕人勇敢追尋理想，而不是一窩蜂地躋身金融、財經等科目，浪費了自己的才華。

港大「天文學」首屆畢業生黃嘉達於畢業後繼續進修，於歐洲攻讀博士學位，並曾參加阿塔卡馬大型毫米波／亞毫米波陣列（ALMA）計劃的工作，與世界頂尖的天文學家共事，可見香港不乏科研人才。港大既為香港最高學府，理應高瞻遠矚，為社會培育不同領域的人才，以增強香港長遠的國際競爭力。

二〇一七年三月二十五日

中學文憑考試出題須更謹慎

自二〇一二年起，每年約有七至八萬修畢本地高中課程的學生應考中學文憑考試（文憑試DSE），以獲得升讀本地大專院校的基本資格。由此觀之，文憑試對學生的前途影響深遠，故而其所提供的科目、必修和選修科目的安排等均備受關注，我亦曾表達應將通識教育科由必修科目轉為選修科目的意見。然而，即使不同人對文憑試的架構和安排也有不同意見，所有人都會同意文憑試必須公正考核每位學生，使學生不會因為考試機制的問題而失去繼續升學的機會。

可惜，近年的文憑試出現種種技術性問題，削弱人們對文憑試的信心。以英文科為例，過去兩份閱讀試卷的深淺程度差距頗大：二〇一五年的閱讀試卷中有試題引用美國衛斯理大學（Wesleyan University）校長Michael S. Roth在《紐約時報》（*The New York Times*）就博雅教育撰寫的評論文章，當中引用哲學家盧梭（Jean-Jacques

Rousseau）的名言「思考者是墮落的動物」（The man who reflects is a depraved animal），內容對中六學生而言顯然過深；而二〇一六年的閱讀卷則問及美食車，有教師評價問題「大路兼直接」，屬歷屆最易。考題過難，固然會使考生信心低落，或會影響應考其他科目的表現；但考題過易，則無法辨別考生英文水平的優劣。

除了試題深淺程度外，文憑試亦疑曾出現試題考核內容不在必修課程以內，甚至試題內容出錯的問題。有教師向我投訴指二〇一六年的「企業、會計與財務概論（企會財BAFS）」科試卷懷疑出現試題內容錯誤的問題。根據該名教師所述，試卷卷一乙部問題第一部份第一（a）題所考核的「日記分錄」概念已從必修範疇變為會計部份的選修內容，對並未選修該部份的考生不公；另外，試卷卷二乙部第五題的資料懷疑有錯，使根據題目資料計算所得的現金賬出現一個不可能的數值。該名教師亦提及二〇一二年首屆文憑試的企會財科試卷亦曾疑似出錯試題，結果引發一連串的投訴，最後需要申訴專員公署介入調查。

當然，上述問題仍有待教育局和考試及評核局進一步調查是否確有其事，但作為對學生前途影響深遠的公開考試，文憑試的試題理應在校正階段時便已消除任何疑似有錯的試題，盡量避免惹來踰越課程要求或內容不準確的質疑。教育局和考試及評核局宜檢討並改善不足之處，使師生毋須終日猜度試題有否出錯，而是專心應試，在公正的試場上為各自的未來奮戰。

二〇一六年五月十四日

曹文軒獲得安徒生獎的啟示

中國作家曹文軒榮膺有「諾貝爾兒童文學獎」之稱的安徒生獎（Hans Christian Andersen Award），是首位華人獲得該項表彰優秀兒童文學作家和插畫家的殊榮。

曹文軒於一九五四年在江蘇出生，父親是小學校長，自小喜歡讀書。他其後獲得北京大學取錄，於一九七七年北大中文系畢業後，留校任教至今。他自言少時的貧窮激發他的想像力，以彌補物質生活上的苦困；而小時候的語文老師又時常要他抄寫優美詞句，使他學會駕馭文字，為他日後的作家之路奠下基礎。有別於一般人對兒童文學必須快樂無憂的看法，曹文軒認為生活本非易事，經歷苦難是孩童成長的必經階段，因此若刻意在兒童文學作品中迴避苦難，便等同迴避「孩子們的真實情緒、狀況，也迴避了自己的過去」，使人「滑向輕浮與輕飄，失去應有的莊嚴與深刻」。因此，曹文軒認為兒童文學必須包含苦難的元素，使兒童對生命有所體驗和認識。安徒生獎評選委員會主席亦讚揚曹文軒的作品為兒童樹立勇於面對和挑戰艱難生活的榜樣。

近年接連有學生因受學業或其他問題所困擾而輕生的悲劇。當然，迫使學生步上絕路的成因眾多，但論者多集中批評學校功課過多，對於學生自身面對逆境的能力卻鮮有提及。我認為我們不應盲目追求「零功課」政策，而應以使學生面對適度的壓力為目標。家長亦應適當放任子女面對失敗，鼓勵和教導他們如何從失敗中學習，進而取得最終的成功，而非事事變身「怪獸家長」，使孩子以為成功乃必然，使他們走出溫室，步入社會後沒有面對失敗的能力，動輒走上絕路。

除了獲得安徒生獎外，曹文軒亦是現時中國其中一位版稅收入最多的作家。根據內地一個以版稅為評審標準的作家排名榜，曹文軒在二〇一五年以八百六十萬人民幣的版稅收入名列中國作家富豪榜第十六位。

相較之下，香港的文化產業較之以往有所褪色，其中一個原因是新高中學制的設計並不鼓勵學生選讀文學等科目，導致香港文學人才稀少，無法繼續以往香港武俠小說文學風靡兩岸三地的盛況。政府若要推動香港文化產業的發展，實有必要檢討現今學制的安排，設法鼓勵更多學生修讀文學，在培育更多優秀的小說家和劇本作家之餘，同時為下一代提供更多的職業出路。

二〇一六年四月十一日

曹星如傳奇的啟示

在會展上演的曹星如對WBO超蠅量級亞太區拳王向井寬史的「王者對決2」，我有幸買到第二行的門票與助手Jen入場欣賞這場精彩的賽事。

我要感謝Rex（曹星如洋名）的經理人劉志遠，安排開場之前介紹我認識這位「神奇小子」，與他傾談及拍照，讓我對香港拳擊界的現況加深了認識。

Rex憑着其打不死的「香港精神」，被港人封為「神奇小子」，這個稱號實在是實至名歸。不論在出賽還是訓練期間，Rex多次受傷，他的成就可謂以血汗換回來的。他當天作賽時，都表現得甚為吃力。我們作為觀眾，一回合三分鐘的拳賽好像只是一瞬間的事情；對擂台上的拳手來說，三分鐘彷彿是永遠。Rex於二〇一一年出道，至今已連贏了二十一場賽事，成績斐然。在超蠅量級別中，他屬於「手長腳長」，他的拳「reach」比向井長兩吋，作為拳手這是重要的優勢。

賽後Rex表示比賽時「雞心」（胸口位置）曾中拳，感到非常痛楚，當時處於下風的他，如不是聽到台下觀眾大聲叫「曹星如！曹星如！」以及不斷疾呼「頂住呀！」打氣，他可能也站不起來。他謙虛地說，這次的勝利是在大家的支持下贏得的。

Rex的故事有三個重要的啟示。第一，他在擂台上展示的堅毅不屈以及全情投入的精神，令人佩服，難怪大家都視他為「香港精神」的化身。

第二，劉先生告訴我，一些與Rex同拳館的師弟曾經是「宅男」或反叛青年，當他們從拳擊中找到樂趣及人生目標後，頓然變成積極的人。由此可見，香港的年輕人只要向着目標奮鬥，其實有很多不同的出路，不一定要成為醫生、律師或銀行家。

第三，體育是可以成為產業的。據媒體的統計顯示，「王者對決2」當晚的收入達到一千萬元，我當晚的門票要價達五千元。當晚全場八千個座位座無虛席，更有不少政商名流捧場。體育在歐美是成功的產業，我相信亞洲也能做得到。可見體育不但可以鍛煉年輕人的意志力，成為他們的一條出路，體育本身亦具有不可小覷的經濟價值。

劉先生亦表示他會繼續訓練多些年輕拳手，為業界注入更多新血，讓香港成為體育盛事之都。在此希望香港的體育事業能夠愈做愈好。

二〇一七年三月十六日

美國的考試產業

報讀美國大學本科者需要應考 SAT（Scholastic Aptitude Test）或 ACT（American College Testing），獲得足夠的分數後才有機會入讀心儀的美國大學。

與香港不同，SAT 和 ACT 並非由政府或法定機構舉辦，而是由私人牟利商業機構營運。根據《紐約時報》（*The New York Times*）報道，營運 SAT 和 ACT 的公司最近有見美國各州對聯邦政府提倡的 Common Core State Standards Initiative（Common Core）意見不一以及最近美國聯邦教育法律上的改動，尋求將業務拓展至高中考試市場。Common Core 由美國全國州長協會（National Governors Association）和美國州首席教育官員理事會（Council of Chief State School Officers）共同贊助，旨在列出美國中小學生在完成每一個年級的學習後應該掌握的英文和數學知識，尋求建立美國全國劃一的教育標準，以確保高中學生有足夠能力繼續升學或就業。

在美國，教育體系主要是州和地區政府的責任：州政府負責制定整體的教育標準，而各地區的教育委員會（School Board）則負責制定課程大綱和預算。聯邦政府由於美國憲法並無明文規定其對教育體系的責任，故此只能透過增減對公立學校的撥款以影響州和地區政府的教育政策。正因如此，當聯邦政府試圖制訂諸如Common Core等全國性的教育政策或倡議時，便會引起社會爭論，甚至變為「聯邦政府侵犯州政府權利」的政治爭拗。

現時，聯邦政府要求各州政府必須在多個學習階段（包括高中階段）考核學生的學業表現。營運SAT和ACT的公司覷準美國社會對聯邦政府對教育政策的權限的爭議，積極奔走游說各州官員和議員，謀求促使州政府以SAT或ACT取代受聯邦政府資助的全國考試，成為高中生必考的考試。目前，至少九個州份已宣佈將使用SAT或ACT作為滿足聯邦政府要求的考試。

美國智庫Urban Institute的資深研究員Matthew Chingos利用二〇一二年各州用於為滿足聯邦政府要求州政府評核高中學生學業表現的考試開支，以及其他相關的費用數據，估算整個美國高中考試市場價值約一百三十二億六千萬港元，對考試公司而言是一個尚待挖掘的金礦。

另外，考試公司發現與其說服各自為政的大學繼續使用 SAT 或 ACT 作為量度高中畢業生是否適合入讀大學的標準，倒不如直接說服各州政府使用 SAT 或 ACT 作為滿足聯邦政府要求的考試，使本來無心升讀大學的高中學生亦會應考 SAT 或 ACT，生意大增。

除了考試公司積極拓展生意外，SAT 和 ACT 相對於與 Common Core 相關的考試而言，有着不可忽視的優勢：對學生而言，與其應考一個旨在評核過往學習成果的考試，倒不如應考一個同時有助升讀大學的考試，一石二鳥；對於州政府而言，由 Common Core 所引起的過度考試（over-testing）爭議已經變成棘手的政治議題，而兼能準備學生升讀大學的 SAT 和 ACT 對於各州官員和議員而言，不啻是一劑減省州內考試數量、化解政治爭議的良藥。在各取所需的情況下，州政府自然和考試公司一拍即合，迫走聯邦政府力推的全國統一測試制度。

另一個使 Common Core 影響力減弱的原因，是《有教無類法案》（No Child Left Behind Act）於二〇一五年被《每名學生成功法案》（Every Student Success Act）取代。新法案明文禁止聯邦教育部影響、鼓勵或強迫州政府採用 Common Core 標準或其他獲多個州份共同採用的學術標準，使聯邦政府無法如以往般透過增減對公立學校的撥款以影響州和地區政府的教育政策，因而大幅削弱其推廣 Common Core 的能力。然而，新法案保留了舊法案的部份內容，要求公立學校從三年級到八年級進行標準化考試，以觀察學生學業進展狀況的條文，反映了聯邦政府認為有必要繼續評估全國學生學習進度的政策方針。

當然，由私人公司營運的 SAT 和 ACT 究竟能否準確量度學生的學習進度，以至會否對少數族裔學生不公等問題仍有待觀察，而受聯邦政府資助的 Common Core 考試機構亦積極研究如何改善試卷內容，以吸引更多州份選擇應考。然而，無論這場私人考試公司和國家政府贊助考試機構之間的角力誰勝誰負，學生都不能迴避對其學習進度的評核。

在香港，有意見認為應實施「零功課」政策，以減輕學生面對的壓力。然而，即便是很多人認為功課壓力相對較輕的美國亦不可能構築一個學生之間完全無競爭的學習環境，評核的壓力不可避免。因此，我認為與其追求「零功課」的學習環境，倒不如着重功課的質素與份量，使學生既能學習如何面對壓力，又能做到學習和遊戲兩不相誤，方為上策。

二〇一六年四月二十三及二十六日

情緒管理及管理能力

美國哈佛大學、史丹福大學和賓夕法尼亞大學的商學院均享譽世界，每年均在各商學院排名榜位列前茅，世界各地的精英紛至沓來，爭相報讀。三間院校當中，以史丹福商學院的取錄率最低，只有不足百分之七，而獲取錄學生的GMAT平均分數已達至驚人的七百三十三分（滿分為八百分），可謂一場千軍萬馬過獨木橋的競賽。

這所萬中挑一的商學院對精英而言到底有何吸引之處？首先，史丹福大學位處美國矽谷，除了是Google、facebook、蘋果等世界知名的科技公司的總部所在地外，亦是不少初創科技公司一試身手的創業聖地。當華爾街的金融巨擘飽受各方批評時，矽谷的科網產業對精英而言確有莫大的吸引力。

除了地利外，史丹福亦有世界一流的課程，培養學生的管理技巧和企業創新的精神。在史丹福芸芸課堂之中，極受學生推崇的「金牌」課程是一門名為Introduction to

Interpersonal Dynamics 的選修課，旨在培養學生處理人際關係及影響他人的能力，即便面對挑戰自身的人時亦能與之建立有益的關係；增強學生的情商（EQ）、自我認知（self-awareness）、同理心（empathy）和情緒管理能力；增強學生給予讚賞和具建設性的意見和能力，以使人際關係更臻完善，有利與同事之間的溝通；以及磨煉學生的聆聽、處理衝突以及求同存異的能力。這門課還包括在週末進行，學生一同到海邊或其他校外的營地合宿，並以「T-Group」的方法學習。

「T-Group」是一種集體訓練法，學生透過反饋、解決問題、角色扮演等方法達至了解自身的目的。根據曾上此課的學生所言，他們甚至要與同組組員互相批判，對所有人的情商都是非常大的考驗，獲益良多。遙想當年在史丹福商學院當 Sloan Fellow 時，我並沒有選修此門課，殊為可惜，惟有向曾上此門課的校友借筆記「偷師」。

近年來，香港的政治和社會氣氛日益對立，人心躁動，立法會拉布終日，積壓大量法案和撥款建議，嚴重影響民生。造成如此境況的成因眾多，然而領導者處理人際關係的手腕和影響他人的能力卻是其一重要因素。領袖必須具備高情商、良好情緒管理和處理衝突的能力，才能達至寬則得眾的境界，有利社會各界理性溝通，拉近政見不同者的距離，做到求同存異，如此才能緩和社會氣氛，安定人心，使香港能再次起航，再闖高峰。

二〇一六年五月十七日

用多媒體工具入名校有優勢？

很多美國學生為入讀大學，通常一兩年前就準備升學申請。據《時代雜誌》（*TIME*）報道，近來不少學生申請入學時，向學校發送個人短片以展現自己獨特的一面。

Hannah Chapman 是一位來自美國的十七歲女生，希望報讀位於美國北卡羅來納州的 Elon 博雅大學。她通過 ZeeBee 社交媒體平台製作個人短片及圖片介紹自己，希望凸顯自己在校外的一面。《時代雜誌》指出，很多大學希望招生時能找到這類型的學生，招生辦事處愈來愈重視學生的「真實性、富同情心、有創意」等因素，並不會單憑成績取錄學生。賓夕法尼亞大學（University of Pennsylvania）的校長 Dr. Amy Gutman 表示：「我們希望尋找一些真誠的、未必完美的學生，同時具獨立思考能力的年輕人。反而，那些擅長考入學試的年輕人未必最適合。」

二〇一五年底，包括常春藤、部份州立大學及私人大學合共約一百間美國大學合作成立一個組織——「Coalition for Access, Affordability and Success」（聯盟學校），旨在提高校園學生的背景及種族多樣性，並且推出一系列免費網絡工具協助貧困學生提早進行升學計劃，以縮窄與條件較優厚學生的差距。計劃將為報考「聯盟學校」的學生提供專用申請渠道，鼓勵他們提早申請及遞交具創意的自我介紹，如個人短片、電子檔案等材料，望能更全面地展現學生的素質。

該計劃雖為學生提供更多渠道展現優勢，但是否真的有助貧困學生增加錄取的機會呢？第一，學生要在九年級開始準備，令原本約十八個月的申請準備延長至四年，反而增加了升學壓力。但是，哈佛大學的一項報告指出學生不應臨急抱佛腳，報考前才做各種缺乏持續性的義工、短期課程及交流團。相反，學生應持續地做一件事或參與一項活動，以表誠意。假如大學有這種看法，學生參加多項活動便不能佔優勢，因為無論貧困或富有，都必須通過長期參與某種活動來展現自己的強項。因此，將準備時間延長至四年，或許對長期堅持努力及表現平穩的學生較公平。

第二，現時很多學生已全力推銷自己課外的一面，部份學校擔心利用網絡工具只會令招生程序更繁複，條件好的學生有機會通過購買高科技多媒體編輯軟件，製作精美的短片推銷自己。

經濟條件優厚的學生在利用網絡工具方面更有優勢，因他們有能力投資昂貴的多媒體編輯軟件以提高短片質量，貧困學生未必有相應資源。再者，由於成功入讀美國名牌大學極為艱難，例如在二〇一六年，史丹福大學收到四萬三千九百九十七個申請，但只取錄百分之四點七的學生，入名校競爭之激烈可見一斑。因此，富裕家長通常都會提早安排子女參加入學考試訓練，聘請顧問修改子女的論文，安排子女在高中報讀難度較高的學科，並且鼓勵他們參加過百小時的義工活動，以提高取錄機會，貧困學生或因資源有限，未必能有這麼「豐富」的準備。

曾有數據顯示弱勢學生並非學業表現差而不能入讀名校，而是一開始就沒有申請名校。《時代雜誌》引述二〇一二年 National Bureau of Economic Research 研究指出，二〇〇八年過半數成績好的低收入學生（平均最低成績 A-、SAT 及 ACT 分數佔頭百分之十，來自收入低於四萬一千四百七十二美元的家庭）沒有報考競爭激烈的名牌大學。

根據該項研究標準，美國約有　萬八千位低收入合資格的學生可入讀頂級大學卻一間也沒有申請。這些學生是不是因為了解名牌大學競爭激烈，並非單憑成績突出就能入讀而放棄申請？

不少大學認為，透過推出多媒體工具可為弱勢學生提供更多申請誘因。美國一間博雅大學 Goucher College 稱，為保持公平競爭，該學校在審視個人短片時，只評估短片內容而撇除高科技效果等等因素。Goucher 表示自引入多媒體申請平台，透過短片申請的學生有所提高（例如二〇一四年便有四成非裔美國人使用多媒體工具），且他們較普通程序申請人表現更佳，就讀第一年 GPA 已有 3.0 以上。

然而，博雅大學的數據欠缺代表性，若要認真檢視多媒體工具對提高弱勢學生入讀名牌大學的幫助，還需觀察「聯盟學校」推出多媒體申請平台之後，弱勢學生的使用率及弱勢學生在名牌大學的入學率，以及評估多媒體工具是令入學程序更繁複，還是給學生多一個表現的機會。

二〇一六年四月二十九日

www.cosmosbooks.com.hk

書　　名　葉劉的地球儀
作　　者　葉劉淑儀
責任編輯　郭坤輝
封面設計　郭志民
美術編輯　楊曉林
統　　籌　霍詠詩　李儀雯
出　　版　天地圖書有限公司
香港皇后大道東109-115號
智群商業中心15字樓（總寫字樓）
電話：2528 3671　傳真：2865 2609
香港灣仔莊士敦道30號地庫／1樓（門市部）
電話：2865 0708　傳真：2861 1541
印　　刷　亨泰印刷有限公司
柴灣利眾街27號德景工業大廈10字樓
電話：2896 3687　傳真：2558 1902
發　　行　香港聯合書刊物流有限公司
香港新界大埔汀麗路36號中華商務印刷大廈3字樓
電話：2150 2100　傳真：2407 3062
出版日期　2017年7月／初版

ISBN：978-988-8258-11-6